GIORNALE
DELLA PRESA
DI
MALTA E GOZO,
DALLA
REPUBLICA FRANCESE,
E DELLA
SUSSEGUENTE RIVOLUZIONE DELLA CAMPAGNA,

Scritto nell' anno 1833,

DAL

BARONE AZOPARDI.

MALTA:
NELLA STAMPERIA DEL GOVERNO,
Con Permesso.

1836.

Cari miei Compatriotti,

Vi presento un' opera tutta appartenente a voi. Essa è il "Giornale della presa di Malta e Gozo dalla Republica Francese, e della susseguente Rivoluzione della Campagna," istruita da' documenti i più interessanti.

Voi, coll'andar di molti anni, più non sapreste i fatti di quell' epoca memorabile del vostro paese, che già a poco a poco si vanno perdendo nel bujo de' tempi passati.

Per informarvi pertanto di ciò che accadde in quel tempo di generale perturbazione, ho pensato di offrirvi questa tenue mia fatica.

Essa è scritta con precisione, in uno stile semplice, e senza adornamenti. I fatti non sono alterati, nè esagerati. La testimonianza oculare di molti di voi, che ancor vivete, confermerà quel che vi espongo.

Leggetela adunque attentamente, ammirate, nel leggerla, de' vostri compatriotti il luminoso valore, e compiacetevi di gradirla cortesemente.

Ho il vanto di essere

Vostro Affmo Compatriotta

BARONE AZOPARDI.

AVVISO.

Se per avventura il leggitore s' incontrerà in qualche fatto che gli sembrasse non interamente veridico, egli vien informato, che lo scrittore niente ha riportato di sua scienza propria, e che tutto il contenuto dell' opera è ricavato da' libri, e documenti già pubblicati, e da memorie e notamenti scritti da individui contemporanei, che per lo più ebbero parte negli avvenimenti accaduti.

GIORNALE

DELLA

PRESA DI MALTA E GOZO,

DALLA

REPUBLICA FRANCESE,

E DELLA

SUSSEGUENTE RIVOLUZIONE DELLA CAMPAGNA.

PARTE PRIMA

Presa di Malta e Gozo, dalla Republica Francese.

EGLI è necessario di riportare i nostri sguardi sul passato per lasciarne ai nostri posteri un'idea della presa di Malta e Gozo dalla Republica Francese, e della susseguente rivoluzione della campagna, epoca già per noi lontana, e di cui i vecchi de' nostri giorni possono soli ora rammentarsi.

L'Ordine di S. Giovanni di Gerusalemme al suo stabilimento in Malta, seguito sin dalli 26 Ottobre 1530, per concessione dell'Imperatore Carlo V, pensò a fortificare questa bell'isola, ed a vieppiù abbellirla. Egli costruì in fatti tutte quasi le torri, i castelli, bastioni, e le fortificazioni che vi esistono, opere inespugnabili e maravigliose. Fabbricò magnifiche chiese, superbi palagj, grandi spedali, nobili pubblici edificj, belli alberghi, e tutto quello che in oggi si vede, con ammirazione di tutti gli esteri, in questa piccola isola.

Le sue estere entrate ascendenti a cinque milioni annui di scudi maltesi, tutte versava in opere pubbliche, ed in vantaggio del paese.

Egli viveva in perfetta amicizia con tutte le grandi potenze, e da tutte era protetto.

Il suo governo era il più mite, e moderato: i Maltesi tutti riposavano in seno di perfetta sicurezza. * Le sue vedute limitate non si estendevano che al bisogno: ogni cosa era proporzionatamente disposta al bene dell'isola: tutto in somma offriva la speranza, che quel governo dovesse rimanere per sempre in Malta.

Questa speranza nulladimeno fu delusa. I torbidi della Francia sparsero sordamente in Malta nuovi filosofici pensieri fra tutti quasi i cavalieri francesi. Un nuovo sistema di pensare s'introdusse in queste isole. Molti individui dell'Ordine cominciarono a duramente opprimere i Maltesi colle violenze, e disprezzarli. L'antico ossequio al Gran-Maestro ha perduto il suo vigore, e tutto in un tratto vi regnò la stravaganza, ed il dispotismo.

A questo seguì nell'anno 1792 la soppressione di tutte le rendite, che la Religione riscuoteva dalla Francia, le quali componevano quasi la metà della sua annua estera entrata.

Ciò obbligò l'Ordine di ridurre proporzionatamente le spese, ed a prendere misure di riforma, le quali furono vieppiù conseguenti negli ultimi anni di sua dimora in Malta; allorquando la guerra, avendo esteso i suoi esterminj in tutte quasi le parti dove l'Ordine possedeva beni, aveva inaridito una grande porzione ancora delle risorse, che egli ritraeva da altre Lingue.

In questo stato di cose, i cavalieri francesi risentirono più degli altri, i funesti effetti della rivoluzione della Francia, per non aver più ricevuto i soliti soccorsi dalla loro patria.

* Quì lo scrittore non ha creduto necessario di accennare alcune rimote triste vicende, giacchè di queste altri parlarono diffusamente.

Questo inaspettato cangiamento fece nascere poco a poco ne' loro animi un abborrimento al proprio istituto, e loro fece sembrare quasi impossibile di continuare in uno stato così umiliante.

Eglino nelle loro circostanze, istruiti dai liberali sentimenti della nuova, e nascente filosofia, figurando di trovarne sorte migliore, pensarono di unirsi ai loro compatriotti.

Pochi Maltesi dai molti a loro affezionati, adottarono le loro opinioni, e formarono privata società. Tutti, in un tempo, divennero insieme proseliti della nuova filosofia, e senza pensarne alle funeste conseguenze, che necessariamente dovessero incontrare, si disposero gli uni a tradire l'Ordine gerosolimitano, e donare le nostre isole alla Francia, e gli altri ad ajutarli, e facilitare il premeditato progetto.

Una secreta corrispondenza fu allora aperta colla Francia, e tutte combinarono le necessarie misure in breve tempo. Tutt' i lumi fornirono ai Francesi per un agevole riuscimento del loro piano inconsiderato.

Comparve in quel frattempo in Malta M. Poussielque, secretario della legazione francese in Genova, sotto aspetto di visitare un suo supposto cugino altro M. Poussielque. Quegli strinse amicizia con tutt' i cavalieri francesi, e coi maltesi loro seguaci, ed in poche settimane tutto ordirono il tradimento occultamente. Egli era l'agente secreto di Bonaparte, e del Direttorio inviato per indagare lo stato di Malta, e tutte le prese disposizioni.

Poco tempo dopo la sua partenza, e precisamente nel dì primo Giugno 1798, un convoglio francese di ritorno da Genova arrivò innanzi Malta. Due di quei legni entrarono nel porto per provedersi d'acqua, a bordo de' quali si videro dal capitano di porto lunghe scale, e munizioni di guerra. Dimandati per dove erano diretti, ed a che servivano le scale, risposero — Per prendere di assalto Alessandria, dove noi c'incamminiamo, insieme alla gran flotta di Tolone che abbiamo ordine di quì aspettare.—Nel frattempo della loro dimora in porto molte scialuppe del convoglio hanno minutamente esaminato i più favorevoli posti del nostro littorale.

I conosciuti in parte interni secreti maneggi, e la notizia dell'aspettata grande armata, scomposero allora non poco l'animo del governo, e di tutti in generale. Tuttavia il Gran-Maestro nulla pensò al grande imbarazzo in cui si trovava.

Nel giorno 3 dello stesso Giugno, un corriere straordinario giunse in Malta. Quello recò al Gran-Maestro una lettera del balì de Schennau, ministro plenipotenziario dell' Ordine nel congresso di Rastadt, con cui lo informava, che Malta sarebbe stata infallibilmente attaccata dalla flotta francese destinata per l'Egitto, e che i ministri delle potenze amiche aspettavano onorevole difesa da parte del governo.

Quel rapporto diede un vero motivo di rammarico, e colpì sensibilmente la delicatezza dell'Ordine.

In mezzo a quello spavento generale, cagionato dalla sola idea del prossimo pericolo, gli amici dei Francesi tentarono allora di confondere, sotto mille aspetti diversi, la mente di tutti. Si presero eglino la briga di assicurare a tutti, essere le avute notizie interamente false, e di persuadere a ciascuno ancora, di non essere i Francesi così inconsiderati di voler perdere il loro tempo, ed il loro sangue sotto le fortificazioni insuperabili di Malta.

Ebbero i loro perfidi maneggi il bramato effetto. Nacquero diverse opinioni, diversi sentimenti, e si perdette il tempo in combinare le misure di difesa, ma senza niente decidere.

La grande flotta francese annunciata comparve intanto sulle alture di Malta il dì 9 Giugno 1798. Era quella composta di 18 vascelli, 18 fregate, e di 400 circa piccoli legni di guerra, e di trasporto, e tutto empì il nostro mare da ponente a levante.

Al comparire la flotta avanti Malta un'improvvisa

paura agitò l'animo dei membri dell'Ordine, e dei Maltesi tutti. Tremanti più che la timida cervetta all'avvicinarsi del cacciatore, tutti allora si abbandonarono ad un profondo abbattimento, ed il governo si trovò in una posizione incerta, e dubbiosa. I parteggiani francesi, che tutti aveano macchinate le trame, si sforzarono senza misura ad impedire sempre più qualunque regolare militare operazione, e sparsero voce, che l'armata francese era di passaggio per l'Egitto, e che da Malta altro non voleva, che l'acqua, di cui avea bisogno.

Governava queste isole allora fra Ferdinando Hompesch, eletto Gran-Maestro nel dì 17 Luglio 1797. Quel principe, sedotto dai cavalieri francesi, loro avea affidato il comando di tutte le principali fortificazioni, e loro avea accordato ancora tutte le ragguardevoli cariche.

Fu quegli, in quella circostanza penosa, da alcuni consigliato di chiamare nella Valletta gli abitanti della campagna coi loro più preziosi effetti, e loro bestiami. Ma quel parere non fu da altri ammesso. Hanno temuto, che i contadini così uniti nella città, potrebbero ribellarsi contro l'Ordine. Sospetto inventato dalla malizia, e senza alcun fondamento.

La folla de' sentimenti allora contradicenti gli uni agli altri, ed in un tempo stesso, confusero la mente del timido Hompesch grandemente, e non il permisero di decidere cosa alcuna.

Fece egli ciò nondimeno convocare senza ritardo la congregazione di guerra, e stabilirono :

Che tutti gli uomini abili per le armi della Valletta, Floriana, Vittoriosa, Cospicua, e Senglea, dovessero ripartirsi in 24 compagnie di 150 uomini per ciascuna, comandate da un capitano, luogotenente, e sotto-luogotenente, tutti e tre cavalieri.

Che una porzione della guardia del Gran-Maestro di 150 uomini fosse destinata alla difesa del palazzo, in unione di una compagnia del reggimento della bolla, e che l'altra porzione della guardia del Gran-Maestro dovesse rimanere in Sant' Elmo, dove aveva il suo quartiere.

Che il reggimento de' cacciatori di 700 uomini, di cui tutti gli ufficiali, ad eccezione del colonnello, e del maggiore, erano Maltesi, dovesse dividersi nelle torri Manoel, Tigné, e Ricasoli, per le quali tre divisioni furono nominati comandanti tre membri del consiglio.

Che i soldati delle galere in numero di 250, e quelli dei vascelli della medesima forza, dovessero occupare, e difendere castel Sant'Angelo, e la Cottonera.

Che il reggimento di Malta composto di 1000 uomini, e due compagnie della bolla, dovessero distribuirsi nei rampari della Valletta, e Floriana.

Che 250 cannonieri occupassero le batterie le più importanti dell' interno, e che le batterie de' porti, cale, e coste esteriori, dovessero difendersi da tutte le milizie della campagna, comandate dai cavalieri ufficiali di marina.

La costa di Marsascirocco fu affidata al balì de Saint Tropez: quella di levante, e la torre di S. Tommaso al balì Tomasi: e tutta la costa di ponente al balì La Tour du Pin. Pel castello del Gozo fu destinato il cavaliere de Mesgrigny.

Questo fu il primo operato per la difesa, fatto interamente fuor di tempo, e senza considerazione.

In quello stato di confusione allora in cui si trovava Malta, il gran-maestro diede, nello stesso giorno 9, il segno di guerra.

Gli abitanti, nell'eccesso del loro zelo per la causa che agitava il loro paese, tutti a migliaja accorsero alle armi, unanimi nella volontà di combattere per la patria sino alla morte.

Fin quì, che Malta non era ancora assalita dal nemico, poteva il governo sguainare la spada, e prepararsi ad una difesa; ma il Gran-Maestro, e suo consiglio, che tutti doveano essere intesi del lagrimevole stato in cui Malta allor giaceva, chi per poca avvertenza, chi per convenienze politiche, e particolarmente per difetto di cognizioni militari, niente si curarono di arrestare il disordine interno, niun riparo diedero agli occulti tradimenti, nessun mezzo vi presero per farne onorata resistenza. Tutta lasciarono la direzione in mano de' subalterni cavalieri, autori del tradimento.

Eglino allora manifestarono, senza rossore, il loro biasimevole, e colpevole partito. Il fatale avvenimento, e la generale confusione loro fornirono pronti mezzi, per disporre le cose a loro piacimento. Quelli consegnarono infatti alcuni fucili con pietre di legno, invece delle vere lavorate preventivamente per tale circostanza; diedero ai soldati tre soli cartocci per ciascuno, mischiando fra quegli alcuni pieni di polvere di carbone; spedirono truppe nelle marine della campagna senza alcuna provvisione; ordinarono il trasporto della polvere da una torre all'altra, con segreta intelligenza di portarla altrove; fecero inchiodare non pochi cannoni delle fortificazioni; cambiarono i posti alle guardie delle torri della campagna, per recarne sempre più confusione; e misero le cose tutte in disordine destramente.

I seguaci de' Francesi, e tutt' i capi militari, contenti delle superficiali date disposizioni del governo, e della loro cooperazione ancora, andavano pienamente persuasi, che le prese misure in niente potessero turbare il loro malvagio disegno. Furono da loro allora, in conseguenza degli ordini ricevuti, disposti i soldati nei diversi posti, e tutto aveano, in apparenza, messo in ordine, aspettando il segno di battaglia.

Bonaparte, frattanto, che si trovava in sul vascello ammiraglio *Oriente,* confidò ad alcuni de' suoi ufficiali la sua risoluzione di voler prendere questa inespugnabile piazza per assalto. Eglino, non conoscendo abbastanza le private corrispondenze, giudicarono ardita l' ideata impresa, e vollero sconsigliarlo. Prese a scherzo Bonaparte le loro rimarche, e loro fece vedere un gran fascio di lettere a lui scritte dai cavalieri francesi, che sotto le loro mani avevano il comando delle fortificazioni ; con cui lo informavano del piccolo numero di soldati che doveano guardarle, della scarsa munizione, di cui essi intendevano provedersi, e di tutte in somma le traditorie misure, che eglino avevano ideato di prendere, per rendere facile a lui la presa di Malta.

In quella così grande vacillante incertezza trovandosi Malta, Bonaparte passò dal vascello *Oriente* su di una fregata, e prese a bordeggiare insieme con altre fregate vicino la costa a mezza portata di cannone, e fu da tutti veduto attentamente osservare colla sua lente le nostre batterie guarnite di cannoni. Quando la sua fregata era ad un quarto di tiro vicino al gran porto, fece spedire una scialuppa con a bordo un ufficiale. Arrivato quegli vicino l'ufficio di Sanità annunciò al capitano di porto il suo incarico. Gli disse, che aveva una lettera per M. Caruson, agente console francese in Malta, speditagli dal generale in capo Bonaparte. Fu quegli tosto chiamato, e subito che quella gli fu consegnata, l'ufficiale ritornò in dietro. Caruson si rese allora al palazzo, e consegnò la lettera al Gran-Maestro a cui era diretta.

La lettera era concisa, e scritta da Berthier maggior generale dell'armata a nome di Bonaparte. Essa conteneva la dimanda di entrare in porto con tutta la flotta, per farne le provisioni necessarie.

Il principe la percorse, e borbottando volle renderla a Caruson, dicendogli, che egli non poteva accordargli quel che bramava. M. Caruson rapportò al Gran-Maestro l'estremo bisogno, che aveva l'armata di far dell'acqua; e lo supplicò di seriamente pensare, e di comunicare la lettera al consiglio. Il Gran-Maestro meglio riflettendo alla sua posizione, per tirarsi d'imbarazzo, aderì alle sue preghiere. Caruson si ritirò, ed il consiglio fu subito convocato.

Radunati appena i membri del consiglio, il Gran-

Maestro fece leggere la lettera, e loro disse di attentamente maturare la risposta, che Caruson con impazienza attendeva. Si discusse per lungo tempo la proposizione, e si agitò fra loro grande tempesta. Il balì de Pennes alzò alla fine la voce, e disse: "Eminenza e Signori,—Un antico decreto del sagro consiglio comunicato a tutte le potenze marittime amiche, e protettrici dell'Ordine, che l'avevano approvato, ha statuito, che come il porto di Malta era stato dichiarato neutrale per l'articolo xiii del trattato di Utrecht, non si poteva permettere l'entrata di più di quattro vascelli di guerra di ciascuna nazione belligerante in una volta. Vostra eminenza pertanto poteva far ricordare a M. Caruson questo decreto, senza tenere sospesa la risposta, e senza prendere la pena di convocare il consiglio."

Parve a tutti molto a proposito la fatta ricordanza, ma il commendatore Vargas sembrò più sensato. Chiese egli con calore più riflessione alla circostanza allarmante, in cui si trovava l'Ordine a vista di una flotta così formidabile. Tutt' i suoi sforzi però furono inutili. Ebbe in risposta Caruson, che loro malgrado si vedevano necessariamente obbligati di negargli l'entrata dell'armata tutta in una volta, e che gli si permetteva soltanto l'ingresso quattro a quattro.

Portò M. Caruson in persona la risposta a Bonaparte, e da questo fu egli trattenuto a bordo. Bonaparte ricevè il rifiuto come un insulto fatto alla sua dignità, e fece tosto mettere poche parole sull'ordine del giorno. "Il Gran Maestro ci rifiutò l'acqua di cui abbiamo bisogno: domani allo spuntar del giorno tutta l'armata sbarcherà su tutta la costa abordabile dell' isola."

La risoluzione di Bonaparte di provvedersi colla forza di quello che egli avea preteso essergli accordato senza contrasto, fu al momento comunicata al Gran Maestro, per una lettera scritta a suo nome da Caruson.

Quella determinazione inaspettata pose l'Ordine in grande scoraggimento, il popolo tutto in disordine, e quello e questo si diedero in preda ad una specie di delirio, ma senza riparo.

Bonaparte, senza perdere tempo alcuno, fece l'indimani approssimare il principal corpo dell'armata alla parte settentrionale dell'isola, e tentò lo sbarco nelle vicinanze della torre di S. Giorgio, sotto la direzione dei cavalieri Preot de Moras capitano del genio, e de Burras, che da due anni prima aveano abbandonato Malta per unirsi ai Francesi.

Il comandante la fortezza, cavaliere di Preville, considerò quello sbarco con tutta indifferenza, impedì qualunque misura militare, perdette il suo tempo inutilmente, e con sorpresa di tutti, permise all' inimico d'impadronirsi di quella contrada.

I Francesi si videro, per conseguenza, favoriti nella tentata impresa, ed egli, contento del fortunato avvenimento, abbandonando il comando, si unì a loro strettamente.

Ecco il primo commesso aperto tradimento, il quale diede principio ad altri successivamente, ed in poco tempo.

I battaglioni maltesi dei villaggi Naxaro, Musta, Gargur, e Birchircara, accorti dello sbarco, s'avventarono, simili a' cani rabbiosi, contro l'inimico, e tentarono coraggiosamente di respingerlo a tutta forza. Questo però fu per loro colpo fatale. I Francesi continuarono a sbarcare da più luoghi vicini senza resistenza, ed inondarono gran parte di quella campagna in un istante. Eglino furono obbligati di ritirarsi.

I Maltesi allora, senza bastante munizione e fucili, vollero disperatamente impedire almeno il loro ingresso nei villaggi, ma ogni loro sforzo fu vano. I Francesi tutti in massa fecero resistenza, vinsero, e penetrarono nell' interno della campagna, misero in fuga tutti gli abitanti, e si diedero a saccheggiare le case, i giardini, ricetti di animali, e tutto quello che loro si presentò avanti.

Le truppe francesi, frattanto, effettuarono ancora

lo sbarco dalla parte di scirocco parimenti con tradimento. I reggimenti della contrada vicina alla torre, mal regolati, con poca munizione, e senza provvisioni, fecero a stento ben piccola resistenza. La campagna pertanto sino la sera di quel giorno tutta era in potere dei Francesi, ad eccezione dei villaggi Zebbug, Zurico, Crendi, Siggeui, e Dingli.

Non è stato dunque, come crederono alcuni, costretto l'Ordine dai Maltesi di cedere subitamente queste isole all'inimico, e da loro abbandonato in quel momento di così grande importanza. Fu di alcuni Gerosolimitani, come si è veduto, colpa vergognosa.

In quel frattempo un caso molto allarmante accadde l'indomani nella Valletta. Un negoziante francese di nome Eynaud aveva un magazzino con piccolo appartamento superiore, nella marina vicino il parlatorio di quarantina, chiamato barriera. Da questo frequentavano molti Francesi commercianti, ed amici. Nell'ancetedente sera di quell'avvenimento si erano da lui alloggiate le famiglie di M. Caruson, Patot, e Damas, per salvarsi dal bombardamento, che si supponeva doversi fare dai Francesi per la città. Alcuni dei soldati del bastione sopra la barriera, nell'animo de' quali, come in tutti generalmente i Maltesi, già era incominciata a manifestarsi l'inimicizia pei Francesi, vedevano malvolentieri tutta quella comitiva affacciarsi di quando in quando al balcone imprudentemente contenta in quel giorno di vero dolore. Sdegnati i soldati di più soffrire la loro condotta si posero a motteggiarli, e quelli, in vece di ritirarsi, e tacere, vollero piuttosto difendersi sdegnosamente. Si accese allora la lotta, i soldati forzarono con impeto la porta del magazzino, e quella sfondata, vittima rimasero del loro furore Patot, ed Eynaud sotto i replicati colpi di fucile, e Damas, che voleva difendere il suo amico Eynaud, fu sgraziatamente ucciso da sciabolata.

Si rapportò il caso al Gran-Maestro, e la notizia corse per tutta la città immediatamente. Il Principe non ha creduto però prudenza di mostrare disapprovazione in quei momenti di rovescio, che affliggevano crudelmente la nazione.

I Francesi frattanto si erano impadroniti ancora della Città Vecchia. Al loro avvicinamento a quella città, il barone Gregorio Bonnici, allora governatore di quella città, uomo dotato di grande energia di carattere, considerando l'insufficienza delle sue poche truppe, e l'impossibilità di combattere contro una così numerosa armata, col parere dei giurati di quella città, e del vescovo di Malta, che allora ivi si trovava, trattò la capitolazione, e consegnò la fortezza al comandante che dirigeva la truppa.

In tutto il tempo dello sbarco, e nel frattempo delle piccole accennate operazioni militari, i cavalieri comandanti le torri del littorale, che avevano disonoratamente tradito il loro Ordine, e che invece d'impedire l'invasione dei Francesi, loro permisero libero lo sbarco, e loro donarono una così bell' isola, e forte, tutti furono vilmente battuti, e maltrattati, e pochi di loro salvarono la vita.

Nonostante quel tragico generale apparato di perturbazione, il fanatismo de' partigiani dei Francesi pareva non essere estinto ancora.

Il comandante del Zebbug tentò, anche così tardi, e senza speranza di vincere, di formare una spedizione, per la parte di *bahar icciahac*, di mille e cinque cento uomini. Era tutto in ordine, ed i soldati erano tutti uniti nella piazza del villaggio. Quelli chiesero le munizioni, le provvisioni, e l'ordine di partire. Il comandante volle loro persuadere di tutto trovare pronto sul posto, e si affaticò di farli marciare, ma i soldati che già si erano avveduti del tradimento, ricusarono di ubbidire. Egli pretese, ma in vano, di sedare il tumulto, e di ridurli al dovere. Tutte le sue prese misure invece d'inspirare rispetto, ed ubbidienza, mossero il disprezzo, e l'indegnazione. Crebbe fra loro allora la discordia, e la truppa si rese completamente ardita in mezzo ai trofei del delitto. Abbassarono indi le loro mani, e si avventarono contro di lui, lo battettero a morte, e tentarono di furiosamente ucciderlo. Egli però fu fortunato. Sebbene a stento, scappò destramente, e si ricoverò nella chiesa parrocchiale, da dove nella notte seguente fuggì travestito verso la città Valletta.

Un'altra traditoria spedizione di mille e due cento uomini, parimenti senza munizioni, solo colla promessa di trovarle nel destinato accampamento, si formò nella Valletta sotto il comando di un cavaliere francese per la parte di S. Giuseppe, strada principale della città per la campagna. Arrivati i soldati sul posto invece delle munizioni promesse, videro venire incontro i Francesi a folla. Quì successe pericolosa scena. La truppa maltese, in presenza del nemico, era coraggiosa sino alla temerità. Essa non esitò di meschiarsi subito fra loro disperatamente, e con pietre, e poche scariche diede prova del suo ardore. Quella lotta ardita però ebbe piccola durata. I Maltesi meglio comprendendo la loro pericolosa posizione in cui si trovavano, si dispersero in un istante per la campagna da sopra le mura dei terreni, e si ritirarono fuggitivi nella città, dopo di avere strapazzato il loro comandante, che si era sottratto dalle loro mani in quella generale confusione con non piccola difficoltà.

Erano allora le quattro città chiuse, e si preparavano agli attacchi del nemico. I seguaci dei Francesi erano tutti intenti ai loro intrighi, e sospiravano il felice momento di vedere Malta intera posseduta da' loro amici. Lo strepito dei tamburi, i gridi, le vociferazioni di un prossimo bombardamento, i rumori confusi del popolo disperato, inspiravano terrore e spavento. Tutto era allora in disordine.

Il Gran Maestro così perturbato da' funesti pensieri, e vivamente agitato dal minaccevole aspetto dell'impetuosa tempesta improvvisa da cui era sorpreso, trovavasi nella più grande desolazione, nè vedeva chi potesse fedelmente ajutarlo in momenti così critici.

La lettera scrittagli del commendatore Ransijat suo intimo amico, e segretario del tesoro, con cui si dichiarava infetto dello spirito del tempo, finì di rattristarlo, e di renderlo completamente sfortunato. Quegli allora fu messo nel castel Sant'Angelo in custodia.

L'isola del Gozo non ha potuto in quel frattempo salvarsi dalla sventura comune. I Francesi affrettarono di visitarla ancora. Il governatore di quell' isola, all' apparir dell' armata nelle vicinanze di Malta, non avea trascurato di chiedere al Gran Maestro le istruzioni opportune. Ebbe in risposta di stare tranquillo, perchè l'armata era diretta unicamente per levante.

La campagna così occupata dalle truppe nemiche presentava allora scena di dolore e lutto, ed ognuno credea ancora, che quella dovesse finire colla forza delle armi. I Francesi non tardarono infatti di tentare diversi assalti. Le fortificazioni insidiate però si difesero valorosamente a dispetto dei perfidi comandanti, e tennero sempre lontano l' inimico da sotto le loro mura.

Una forza unita di soldati francesi finalmente, nel giorno 11 alle ore tre di mattino, attaccò formalmente per assalto la Porta Bombe. Quell' attentato fu però tragico. Mentre che i Maltesi facevano aperta e rigorosa resistenza, il cavaliere comandante ordinò che si ponessero sopra i bastioni fanali accesi, sotto pretesto di poter i soldati meglio diriggere le loro operazioni militari. Eglino osarono di opporsi ostinatamente, e non si lasciarono intimidire dalla forza. Ciò non di meno l' ordine fu eseguito, ma il comandante di sua condotta ebbe luttuosa punizione. I soldati sazj di più soffrirlo, rovesciarono i fanali giù dai bastioni arditamente, e con fiero sdegno s'affoltarono intorno a lui, lo arrestarono, e sotto i colpi della rabbia, lo uccisero impetuosamente. Eglino niente confusi dell' avvenimento ardito, sperarono allora di più facilmente respingere l' inimico, divennero più coraggiosi, e si videro anticipatamente vittoriosi. Continuarono senza timidezza ostinatamente il fuoco, la battaglia durò due ore continue, e l' inimico, abbandonando le mura, si ritirò confusamente.

Non ostante tale felice successo, diverse persone del paese, informate che il nimico dovesse in quella notte passare traditoriamente da un sotterraneo, che dalla casa del commendatore de Touzard, communicava per un ponte levatojo a tal effetto costrutto, ad un revellino esterno, e così impossessarsi della Valletta, non potendo pensarvi senza fremere ai risultati, che quei tradimenti presagivano funestissimi; si unirono nell' ufficio de' giurati, e determinarono insieme di presentarsi al Gran Maestro, per avvertirlo del premeditato nero tradimento, e chiedergli un armistizio. Distesero, senza ritardo, una rappresentanza, e per deputati hanno nominato il barone D. Mario Testaferrata, il consiliere Bonanni, l'avvocato Torregiani, e Giuseppe Guido. Giunti in palazzo seppero che il Gran Maestro era in consiglio. Adoperarono tutt' i mezzi per entrarvi. Passò l'ambasciata, e furono ammessi all'udienza. Presentarono in pieno consiglio la petizione, e Guido la lesse per ordine.

Molti del consiglio presero per arditezza il soggetto della deputazione, e tentarono di licenziarla, ma il Gran Maestro tutti fece tacere, e disse "La vostra petizione sarà presa in considerazione." Consegnarono in seguito la petizione all' uditor Bruno, e si ritirarono. Bonanni e Guido soli rimasero in palazzo in aspettazione della risposta.

Vi furono allora grandi dibattimenti sull' ammissione del ricorso, ma il rapporto giunto in quel frattempo, che due cavalieri francesi di servizio nella cottonera erano stati uccisi dai soldati maltesi, fece loro determinare di aderire alla chiesta sospensione d'armi, avendo temuto, che così seguitando le cose, tutt' i cavalieri sarebbero periti l'uno dopo l'altro.

Furono a tal effetto tosto spediti a Bonaparte due ambasciatori, e per assicurare favorevole risultato, il

Gran Maestro riportò dal conte Defremeaux, console di Danimarca, una lettera di raccomandazione pel generale in capo, e si diresse ancora al commendatore Dolomieu, che si trovava allora a bordo del vascello di Bonaparte, da lui chiamato al suo arrivo innanzi Malta, pregandolo d'interporre la sua mediazione, ed il suo patrocinio in quel momento d'inquietudine generale.

Ebbero gli ambasciatori favorevole risposta dal generale Berthier a nome di Bonaparte, e furono assicurati che egli avrebbe mandato a mezzo giorno qualcuno al palazzo del Gran Maestro, per trattare la bramata sospensione d'armi.

Il Gran-Maestro spedì immediatamente ordine ai comandanti le fortezze Sant' Elmo, e Ricasoli d'innalzare lo stendardo parlamentario.

Verso le ore tre di quel giorno comparve nella Valletta l'incaricato di Bonaparte, il generale di brigata Junot, accompagnato da M. Poussielque, dal generale controleur, e dal commendatore Dolomieu.

Quegli, presentandosi al Gran Maestro, e suo consiglio, esibì le lettere credenziali, e dopo lunga discussione, si combinò dal generale Junot, e dal Gran Maestro la convenzione, la quale sottoscritta, si avvide Hompesch che quella conteneva ancora l'obbligazione di mandare dei deputati a bordo dell' *Oriente* fra 24 ore, per trattare la capitolazione.

La convenzione fu distesa sotto la direzione del commendatore Ransijat, che in quella circostanza era chiamato dal castello, e messo un'altra volta in affari, qual persona considerevole pe' suoi talenti.

Il Gran Maestro si vide allora sorpreso. Tale ardita disposizione occulta eccitò l'indegnazione del capo dell'Ordine. I membri del consiglio adoprarono tutt' i mezzi per disarmarlo dal suo risentimento, e presto sciolti si videro da ogni impegno.

Il Gran-Maestro, in seguito ad una debole resistenza, per non addossarsi delle conseguenze, e del rovescio, che potrebbe affliggere Malta, si arrese alla forza delle loro persuasioni.

Furono indi nominati due cavalieri, e quattro Maltesi per plenipotenziarj, ed il commendatore d'Amat, incaricato di affari per sua Maestà Cattolica, per mediatore.

Sentita appena la notizia della dimandata pace, tutto il popolo cadde nella più trista costernazione, ed in tutti crebbe contro i Francesi il malumore. Un immenso discontento affollamento di uomini si unì nelle due piazze avanti il palazzo, ed un generale bisbiglio si sentiva da per tutto. Tutti, spaventati alla vista dell'orribile scena, piangevano sulla loro sorte futura. Tutti di sdegno accesi sembravano vaneggiare. Tutti deploravano il risultato funesto degli scellerati tradimenti commessi. Tutto in somma era in confusione, tutto presagiva grande tumulto.

Il Gran Maestro, in mezzo a quella complicazione di passioni, e di furori popolari, volle acquietare gli animi turbati, e bramò tutti consolare paternamente. Adoperò egli infatti ogni misura, e vi pose la persuasione di persone le più savie del paese, ma ciò non bastò. A quelle interpose ancora la mediazione dei curati, ed il popolo allora, tutto sottomesso alle loro voci, suo malgrado, si acquietò.

Acquistata la tranquillità popolare, si pensò nella sera di quel giorno alla partenza del generale Junot, che era rimasto sin allora in palazzo, e degli ambasciatori. Il nome francese era già da tutti abbastanza odiato, cosicchè si erano temuti gli eccessi del popolo in quel suo passaggio pel quartiere generale, che era posto nella strada di S. Giuseppe. A tal effetto si fecero schierare le truppe maltesi da palazzo sino Porta Bombe. Partì allora quegli col suo seguito a piedi, in compagnia di due cavalieri Francesi, e degli ambasciatori. Nella Floriana il generale, e suoi montarono a cavallo, e gli ambasciatori si posero in un calesse di palazzo, e tutti rimasero insieme sino Porta Bombe. Là si separarono, il generale prese la direzione pel quartiere, e questi per la Pietà sino S. Giuliano. Eglino fecero quel piccolo viaggio di quindici minuti in più di due ore, per motivo della gran folla di gente, da cui furono accompagnati. Alla spiaggia di S. Giuliano trovarono le scialuppe francesi, che li attendevano, di là partirono, ed in breve tempo giunsero sul vascello *Oriente*, su cui eravi Bonaparte, dieci miglia distante dalla terra, per decidere il fatale destino dei Gerosolimitani, e di Malta sfortunata.

Al loro arrivo sul vascello, che fu di notte, Bonaparte si riposava dalla fatica della giornata. Furono accolti da due generali di divisione, e dopo mezz' ora circa furono introdotti nella sala di consiglio, dove trovarono Bonaparte in compagnia del contr' ammiraglio Brueys, e del generale Berthier. Al vedere Bonaparte il commendatore Ransijat, il Dr Muscat, D'Amat, ed il segretario Doublet (alcuni di quei che furono nominati plenipotenziarj), che soli si erano presentati, domandò loro dove fossero gli altri. Quelli risposero, che erano arrivati alquanto indisposti, e che rimasero per un momento nel magazzino dei depositi. Furono indi tutti serviti di rum, e biscotto, e presentate, dal commendatore Ransijat, le lettere credenziali, s' incominciò la trattazione della pace.

Bonaparte, che era molto compiaciuto delle saggie prese disposizioni del vescovo di Malta monsignor Labini, nell' occasione della capitolazione della Città Vecchia, gli spedì in quel frattempo una lettera, con cui lo informava del piacere provato di sua buona condotta, e gli promise, che la Religione Cattolica sarebbe stata rispettata, ed i suoi ministri protetti, a cui il vescovo rispose immediatamente.

Dopo ben lungo dibattimento, la capitolazione fu completata, e sottoscritta, e così i Francesi acquistarono Malta, da tutte le potenze invidiata pe' suoi porti, pei suoi arsenali, e per le fortificazioni; i Maltesi divennero sudditi della republica francese; ed i partigiani si gloriarono della loro vittoria.

CONVENZIONE

Stabilita tra la Republica Francese, rappresentata dal cittadino generale in capite Bonaparte da una parte, e l' Ordine de' cavalieri di S. Giovanni di Gerusalemme, rappresentato dai signori balì di Torino Frisari, il commendatore Bosredon Ransijat, il barone D. Mario Testaferrata, il Dr. Nicolò Muscat, l' avvocato Benedetto Schembri, ed il consigliere Bonanni dall'altra parte.

ARTICOLO I.

I cavalieri dell'Ordine di S. Giovanni di Gerusalemme rimetteranno all'armata francese la città e fortezze di Malta: rinuncieranno in favor della republica francese i dritti di sovranità, e di proprietà che hanno tanto sopra quest' isola di Malta, come sopra l' isola del Gozo, e Comino.

ARTICOLO II.

La republica francese impiegherà la sua influenza al congresso di Rastadt, per far avere al Gran Maestro, vita sua durante, un principato equivalente a quello che egli perde, e frattanto essa promette di fargli una pensione annua di tre cento mila franchi: gli sarà dato in oltre il valore di due anni della detta pensione in titolo d'indennità per il suo mobiglio. Conserverà nel tempo che resterà in Malta, gli onori militari di cui godeva.

ARTICOLO III.

I cavalieri dell'Ordine di S. Giovanni di Gerusalemme, che sono Francesi attualmente in Malta, e di cui lo stato sarà stabilito dal generale in capite, potranno rientrare nella loro patria, e la loro residenza in Malta sarà a loro come una residenza in Francia.

ARTICOLO IV.

La republica francese farà una pensione di sette cento franchi [illegible]cavalieri francesi, attualmente in Malta, loro vita durante: questa pensione sarà di mille franchi per i cavalieri sessagenarj, e al di sopra. La republica francese impiegherà i suoi sforzi appresso le republiche Cisalpina, Ligure, Romana, e Svizzera, affinchè esse accordino l'istessa pensione ai cavalieri di queste differenti nazioni.

ARTICOLO V.

La republica francese impiegherà i suoi buoni ufficj presso le potenze dell'Europa, affinchè esse conservino ai cavalieri di loro nazione l'esercizio de' loro dritti sopra i beni dell'Ordine di Malta situati ne' loro stati.

ARTICOLO VI.

I cavalieri conserveranno le proprietà che posseggono nelle isole di Malta, e Gozo, a titolo di proprietà particolare.

ARTICOLO VII.

Gli abitant idelle isole di Malta, e Gozo, continueranno a godere, come per lo passato, il libero esercizio della Religione Cattolica Apostolica Romana. Conserveranno le proprietà, i privilegj, che possedevano. Non sarà fatta alcuna contribuzione straordinaria.

ARTICOLO VIII.

Tutti gli atti civili passati sotto il governo dell'Ordine saranno buoni, ed avranno la loro esecuzione.

Fatta duplicata a bordo del vascello *l'Oriente*, avanti Malta, li 14 Prairial, anno 6 della republica francese, li 12 Giugno 1798.

BONAPARTE.
Il commendatore BOSREDON RANSIJAT,
Il barone D. MARIO TESTAFERRATA,
Il Dr NICOLÒ MUSCAT,
Il consigliere F. T. BONANNI,
Il Dr BENEDETTO SCHEMBRI,
Il balì di TORINO, salvo il dritto dell'alto dominio, che appartiene al mio sovrano, come re delle Due Sicilie.

I plenipotenziarj maltesi fissarono principalmente, in quella circostanza, la loro attenzione nello stabilire sodamente il contenuto nell'articolo 7mo della convenzione, ed in manifestare, che tutt' i beni di Malta, e Gozo, posseduti dal governo, erano stati ipotecati dall'Ordine ai creditori dell' università, e dei privati nazionali.

Il balì Frisari fece conoscere, e si protestò, che l'Ordine Gerosolimitano, non essendo proprietario, ma semplice feudatario di queste isole, in virtù [illegible] donazione fattagli dall' Imperatore Carlo V, e dalla regina Giovanna sua madre, veniva a donare alla republica francese una cosa, di cui non aveva pieno dominio.

La proposta mozione fu da tutti confermata, ed uno dei Maltesi fra quelli aggiunse ancora, che la Religione si era obbligata, per patto, di non poter ad altri donare queste isole senza il consenso del re di Sicilia.

Bonaparte, nulla curandosi delle fatte importanti proteste, rispose francamente, che egli ritornando da Alessandria, si sarebbe impadronito ancora della Sicilia, cosicchè il feudo sarebbe stato unito al proprietario.

Alla convenzione di pace, furono immediatamente formati altri sette articoli ufficiali riguardanti la consegna delle torri, dei castelli, delle fortificazioni, dell'artiglieria, dei magazzini, e della marina dell'Ordine, e così finì, come finir dovea, quella dolorosa scena.

Arrivati i plenipotenziarj in palazzo d'abbordo del vascello *Oriente*, accompagnati da folto popolo agitato, e sbalordito, il commendatore Ransijat lesse al Gran Maestro la conclusa capitolazione. Fu quegli allora privatamente consultato di stracciare la convenzione, o di proporre al consiglio di rigettarla, e di difendersi sino all'ultimo estremo. Non avea in quel momento persona alcuna di autorità, con cui potesse più seriamente deliberare sul caso. Chiamò a tal effetto l'uditor Bruno, uomo di merito, ed in cui egli aveva molta fiducia. Colpito quegli da spavento, alla vista di un affare di così grande importanza, gli spiegò con molta difficoltà la sua opinione. Lo persuase di non presentare la convenzione al consiglio, e di non interporre la sua autorità, per poter avere il diritto di protestare in tutti i tempi la sua nullità, e poter rivendicare altresì la possessione di queste isole, di cui la forza lo aveva spogliato. Piacquero al principe le ragioni dell'amico, e, fra cupi pensieri immerso, subitamente eseguì il suo parere.

La capitolazione frattanto ebbe il suo effetto, senza essere stata accettata dal Gran Maestro. I plenipotenziarj annunciarono ufficialmente al popolo la trattata pace dall'ufficio dei giurati della Valletta.

Quel colpo sciagurato fece sparire interamente la poca speranza, che negli animi degli ignoranti ancor parea sussistere, di vedersi più oltre governare dall'Ordine, e generò in tutti troppo grande scompiglio.

Le fortificazioni Sant'Angelo, e Cottonera, difese dagli abitanti di Burmula, continuarono, nonostante la pubblicata pace, un fuoco molto vivo, e fermi si tennero, e risoluti di difendersi ostinatamente.

Il Gran Maestro mostrò allora timidezza, ed alcuni dell'Ordine immaginarono, che i Maltesi sarebbero corsi a straziarli. Per salvarsi, e per impedire qualunque sinistro disordine, fecero chiamare dalla Città Vecchia il vescovo, ed a lui ricorsero per interporre la sua mediazione. Adoperò quegli ogni suo sforzo, e gli riuscì a stento di sedare gli animi adirati delle truppe.

Nella sera dello stesso giorno l' armata francese entrò nel gran porto, e nei porti Marsamuscetto, e Marsascirocco, e le truppe nella Città Valletta.

Il Gran Maestro, in mezzo allo scoraggimento, e l' inquietezza in cui si trovava allora, manifestò superiorità d' animo. Fece egli spedire la sua propria carrozza, ed altre nel molo della marina per comodo di Bonaparte, e suo seguito ; e diede tutte le necessarie disposizioni per la regolare consegna della città.

Bonaparte però entrò a piedi nella Valletta, accompagnato dal reggimento della sua guardia, e fu ricevuto con tutti gli onori militari. Egli nel suo ingresso nulla fece per incoraggire i suoi partigiani, o per intimorire i suoi contrarj, e vi scelse per suo alloggio la casa del cavaliere Parisio nobile Maltese.

Le truppe francesi intanto, ascendenti al considerevole numero di sessanta mila uomini circa, s' impadronirono tosto di tutti i posti e le fortificazioni, e si sparsero per tutta la città, e tutta si empì in un momento di soldati. Gli ufficiali si distribuirono nelle private case a spese dei proprietarj. Le strade, e le piazze della città parevano divenute campo di battaglia, e qua e là altro non si vedeva, che fucili dispersi confusamente, e bagagli.

Quello spettacolo tristo, e spaventevole ferì gli occhi di tutti, e svegliò ne' più risoluti la paura, e lo sgomento. La più parte de' Maltesi si ritirò nelle proprie case, e tutto il popolo, tranquillo spettatore rimase di quell' improvviso inaspettato cangiamento. In quella circostanza penosa tutta Malta era in desolazione, e gli abitanti sconsolati.

Bonaparte, un' ora dopo il suo ingresso in città, fece il giro delle fortificazioni in compagnia del generale Gerosolimitano Defalga. Fu quegli interrogato da Bonaparte cosa pensasse del fatto da lui interessante nobile acquisto. "Voi siete stato (rispose) molto fortunato di esservi state aperte le porte, perchè se queste fossero state tenute chiuse, non avreste potuto certamente entrarvi in città."—Al che egli, ripigliò ridendo: "Io sono sorpreso, che voi non avete progettato questo piano a sua eminenza."

Nel mentre che Malta era così in preda alle inquietudini, ed alle agitazioni per la sua critica politica posizione, Bonaparte, perfettamente contento del fattogli prezioso regalo, pensò freddamente di manifestare il suo potere.

Ordinò al console della Gran Brettagna, di nome England, ed al ministro della Russia, di lasciare l'isola fra tre ore.

Comandò al Gran Maestro, nella prima visita che gli fece l'indomani del suo ingresso in città, di partire da Malta, senza ritardo, insieme co' suoi religiosi non nativi Maltesi, e dell'età di meno di sessanta anni.

Chiamò il vescovo, i parrochi dell' isola, e tutt' i superiori religiosi, per prestare il giuramento di fedeltà, ai quali così parlò individualmente "Chi siete voi?" "Sono il parroco della chiesa .... o superiore del convento ..." "Bene: predicate il Vangelo, rispettate, e fate rispettare le autorità costituite, raccomandate al popolo la sommissione, e l'ubbidienza alle leggi francesi. Se sarete buon prete vi proteggerò, ma se sarete cattivo prete vi castigherò."

Questo fu il primo linguaggio dell' esercitato suo padronato in Malta.

Sorprese grandemente al Gran Maestro il violento annuncio di partenza, e produsse nel suo animo grande pena, ed impedì allo sgraziato principe di spiegargli in persona i suoi bisogni, e di fargli memoria delle avute promesse, motivo per cui si vide nella dura necessità d'inviargli una lettera, la quale ebbe in parte il suo effetto.

La disposizione di Bonaparte sulla sorte del Gran Maestro attirò la disapprovazione di tutti. L'inconsiderata misura però in persona del vescovo, e dei ministri della Chiesa cagionò nell' animo dei Maltesi viva sensazione, aperto sentimento di disgusto.

I Francesi intanto si erano già impadroniti di tutta la marina dell' Ordine, composta di due vascelli, una fregata, e quattro galere; di mille e due cento pezzi di cannoni di bronzo; de' ricchi magazzini di guerra; di quaranta mila fucili esistenti nell' armeria di palazzo; e di tanti altri generi di guerra, e di provvisioni.

Bonaparte, che poco dovea fermarsi in Malta, si mostrò allora troppo sollecito nello stabilire, fra lo spazio di sei giorni, nuove leggi, e nuovi cambiamenti, con cui rovesciò interamente tutto il sistema del governo passato, e ripiantò un altro considerabilmente contrario all' aspettazione de' nazionali, le quali nuove alterazioni però non furono pubblicate in una volta, come si vedrà in appresso.

Ordini di Bonaparte.

ORDINE

Delli 25 *Prairial,* 13 *Giugno.*

ARTICOLO I.

Le isole di Malta e Gozo saranno amministrate da una commissione di governo, composta di nove persone, che saranno alla nomina del generale in capo.

ARTICOLO II.

Qualunque membro della commissione la presiederà a giro per sei mesi. Ella sceglierà un segretario, ed un tesoriere fuori del suo corpo.

ARTICOLO III.

Vi sarà annesso alla commissione un commissario francese.

ARTICOLO IV.

Questa commissione sarà specialmente incaricata di tutta l'amministrazione delle isole di Malta e Gozo, e della sopraintendenza dell' esazione delle contribuzioni dirette ed indirette. Essa piglierà delle misure relative all' approvvisionamento dell' isola: l' amministrazione della sanità sarà specialmente sotto i suoi ordini.

ARTICOLO V.

Il commissario ordinatore in capo farà un accordo colla commissione per istabilire ciò che essa debba dare per mese alla cassa dell' armata.

ARTICOLO VI.

La commissione di Governo si occuperà incessantemente dell' organizzazione dei tribunali per la giustizia civile e criminale, avvicinandoli al più possibile all' organizzazione che attualmente esiste in Francia. La nomina de' membri avrà bisogno dell' approvazione del generale di divisione comandante in Malta. Fintantocchè questi tribunali saranno organizzati, la giustizia sarà amministrata come per lo passato.

ARTICOLO VII.

Le isole di Malta e Gozo saranno divise in cantoni, il minore de' quali sarà di tre mila anime di popolazione. Vi saranno in Malta due municipalità.

ARTICOLO VIII.

Ogni cantone sarà amministrato da un corpo municipale di cinque membri.

ARTICOLO IX.

Vi sarà in ogni cantone un giudice di pace.

ARTICOLO X.

I giudici di pace, le differenti magistrature, saranno nominate dalla commissione di governo, coll'approvazione del generale di divisione comandante in Malta.

ARTICOLO XI.

Tutt' i beni del Gran Maestro dell' Ordine di Malta, e dei differenti conventi de' cavalieri, appartengono alla republica francese.

ARTICOLO XII.

Vi sarà una commissione composta di tre membri, incaricata di fare l' inventario di detti beni, e di amministrarli. Ella corrisponderà coll' ordinatore in capo.

ARTICOLO XIII.

La polizia sarà tutta intera sotto gli ordini del generale di divisione comandante, e dei differenti ufficiali sotto i suoi ordini.

ORDINE

Delli 28 Prairial, 16 Giugno 1798.

ARTICOLO I.

Vi sarà in ciascuna municipalità della città di Malta un battaglione composto di nove cento uomini di guardia nazionale, che porterà l' uniforme verde, paramenti e collari rossi con galloni bianchi. Questa guardia nazionale sarà scelta fra gli uomini più ricchi, i mercanti, e coloro che sono interessati alla tranquillità pubblica.

ARTICOLO II.

Questa fornirà in tutt' i giorni tutte le guardie, e pattuglie necessarie per la polizia. Ella non sarà giammai di guardia nei castelli.

ARTICOLO III.

L' istituzione dei corpi de' cacciatori sarà conservata.

ARTICOLO IV.

Il generale di divisione farà un regolamento per l' organizzazione, e servizio della guardia nazionale, e per l' organizzazione e servizio de' cacciatori. Si consegnerà agli uni ed agli altri la quantità di armi necessaria per il servizio.

ARTICOLO V.

Si formeranno quattro compagnie di veterani da tutti i vecchi soldati, che erano stati al servizio dell' Ordine di Malta, e che sono incapaci al servizio attivo.

Le due prime dal momento che saranno organizzate saranno inviate per tenere guarnigione nella fortezza di Corfù. Si eseguirà il presente articolo non ostante qualunque difficoltà che si possa incontrare, non essendo altra la mia intenzione, che questa gran quantità di uomini affezionati all' Ordine di Malta continui nel servizio.

ARTICOLO VI.

Si formeranno quattro compagnie di cannonieri appresso a poco sopra il medesimo piede di quello che esisteva, i quali saranno impiegati in tutte le batterie della costa. Vi sarà in ciascuna delle compagnie un ufficiale, e sotto ufficiale francese.

ARTICOLO VII.

Tutti gl' individui che vorranno formare una compagnia di cento cacciatori saranno padroni di formarla. Questi, ed i loro ufficiali, saranno mantenuti, e dal momento della loro organizzazione il generale di divisione li farà partire per raggiungere l' armata.

ORDINE

Delli 28 *Prairial,* 16 *Giugno* 1798.

ARTICOLO I.

Tutti gli abitanti di queste isole, Malta e Gozo, sono tenuti di portare la coccarda tricolore. Nessun abitante di Malta potrà portare l' abito nazionale francese, amenocchè quello non abbia ottenuto un permesso speciale dal generale in capo. Il generale in capo accorderà la qualità di cittadino francese, e la permissione di portare l'abito nazionale, agli abitanti di Malta e Gozo, che si distingueranno per il loro attaccamento alla republica per qualche azione di stima, tratto di benevolenza, o di bravura.

ARTICOLO II.

Tutti gli abitanti di Malta sono da oggi innanzi uguali nei dritti. I loro talenti, il loro merito, il loro patriottismo, ed il loro attaccamento alla republica francese, stabiliscono solamente la differenza tra loro.

ARTICOLO III.

La schiavitù è abolita. Tutti gli schiavi conosciuti sotto il nome di bonavogli saranno messi in libertà, ed il contratto disonorante per la specie umana, che eglino hanno fatto, è distrutto.

ARTICOLO IV.

In conseguenza dell'articolo precedente, tutt' i Turchi che sono schiavi da qualche particolare, saranno rimessi nelle mani del generale comandante per essere trattati come prigionieri di guerra; ed attesa l'amicizia che esiste tra la republica francese e la Porta ottomana, saranno inviati presso loro, allorquando il generale in capo l'ordinerà, ed allorchè egli avrà notizia, che i Bej aoconsentino a mandare in Malta tutti gli schiavi Francesi e Maltesi, che avranno.

ARTICOLO V.

Dieci giorni dopo la pubblicazione del presente ordine è proibito di avere delle armerie, sia nell'interno come nell'esterno delle case, di sigillare le lettere con delle armi, nè di prendere dei titoli feudali.

ARTICOLI VI.

L'Ordine di Malta essendo disciolto, egli è espressamente proibito a chicchesia di prendere titoli di balì, commendatori, e cavalieri.

ARTICOLO VII.

Si metteranno in ciascuna chiesa, nei luoghi dove erano le armi del Gran Maestro, quelle della republica.

ARTICOLO VIII.

Dieci giorni dopo la pubblicazione del presente ordine è proibito, sotto qualunque pretesto sia, di portare uniformi dei corpi dell'antico Ordine di Malta.

ARTICOLO IX.

L' isola di Malta appartenendo alla republica francese, la missione dei differenti ministri plenipotenziarj è cessata.

ARTICOLO X.

Tutt' i consoli stranieri cesseranno le loro funzioni, e leveranno le armi che sono sopra le loro porte, sino che avranno ricevuto le lettere credenziali de' loro governi per continuare le loro funzioni nella città di Malta, divenuta porto della republica francese.

ARTICOLO XI.

Tutt'i forastieri, venendo e vivendo in Malta, saranno obbligati di uniformarsi al presente ordine, qualunque sia il loro grado, e rango che eglino avranno,

ARTICOLO XII.

Tutt' i contraventori agli articoli di quì sopra, saranno condannati, per la prima volta, ad una pena del terzo delle loro rendite, per la seconda volta, a tre mesi di prigione, per la terza, ad un anno di prigione, e per la quarta, alla deportazione dall' isola di Malta, e la confiscazione della metà de' loro beni.

ORDINE

Delli 28 Prairial, 16 Giugno 1798,

ARTICOLO I.

Sarà fatto un disarmamento generale di tutti gli abitanti dell'isola di Malta e Gozo. Non saranno accordate le armi, che per un permesso del generale comandante, ed agli uomini di cui il patriottismo sarà conosciuto.

ARTICOLO II.

L' organizzazione de' cacciatori volontarj nell' isola di Malta e Gozo sarà continuata; ma questo corpo non sarà composto, che di uomini sul servizio de' quali si potrà contare. Si avrà cura sopra tutto di avere degli ufficiali patriotti.

ARTICOLO III.

Saranno ristabiliti dei segni dalla punta del Gozo sino a Malta.

ARTICOLO IV.

Le leggi della sanità di Malta non saranno nè più nè meno rigorose, che le leggi della sanità di Marsiglia.

ARTICOLO V.

Sarà formata una compagnia di trenta volontarj, composta di giovani da quindici a trenta anni, e presi dalle famiglie le più ricche.

ARTICOLO VI.

Il generale di divisione indicherà nello spazio di dieci giorni alla commissione di governo gli uomini che devono comporre la detta compagnia. La commissione di governo farà loro sapere, che venti giorni dopo saranno obbligati di essere armati di sciabola. Avranno il medesimo uniforme che hanno le guardie dell' armata, all' eccezione, che porteranno i bottoni e galloni bianchi.

ARTICOLO VII.

Coloro, che non si troveranno alla rivista che passerà il generale di divisione dieci giorni dopo, saranno condannati, i giovani per un' anno di prigione, ed i parenti, avendo beni di famiglia, a mille scudi di pena.

ARTICOLO VIII.

La commissione di governo designerà i giovani dall'età di nove a quattordici anni appartenenti alle più ricche famiglie, i quali saranno mandati a Parigi, per essere allevati nelle scuole della repubblica. I parenti saranno tenuti di assegnar loro 800 franchi di pensione, e di loro dare 600 franchi per il viaggio. Sarà accordato a loro il passaggio su di un vascello di guerra.

ARTICOLO IX.

La commissione di governo manderà la lista di quei giovani, al più tardi fra venti giorni, al generale in capo, ed eglino partiranno al più tardi fra un mese.

ARTICOLO X.

Eglino dovranno avere un pantalone e giacchetta blù, paramenti e rivolti rossi ricamati in cordoncino bianco. Eglino saranno sbarcati a Marsiglia dove il ministro dell' interno darà gli ordini per farli passare nelle scuole nazionali.

ARTICOLO XI.

Il commissario ordinatore della marina designerà alla commissione di governo sei giovani Maltesi appartenenti alle famiglie le più ricche, per poter essere messi come aspiranti, e poter istruirsi, ed arrivare a tutti i gradi.

ARTICOLO XII.

Come l'educazione interessa principalmente la prosperità e la sicurezza pubblica, i parenti dei figli, che saranno scelti, e che rifiuteranno, saranno condannati a pagare mille scudi di pena.

ARTICOLO XIII.

Le classi per i marinari saranno ristabilite come nei porti di Francia. Allorquando la squadra avrà bisogno di marinari, e che le sarà sufficiente la gente di buona volontà, ne prenderà di preferenza i giovani da quindici a venti cinque anni. Se quelli non serviranno, ne prenderà quelli delli venti cinque a trenta cinque, e finalmente di trenta cinque a quaranta cinque.

ORDINE

Delli 28 *Prairial*, 16 *Giugno* 1798.

ARTICOLO I.

Tutt' i preti, religiosi, e religiose di qualunque ordine sia, che non sono nativi dalle isole di Malta e Gozo, saranno tenuti di evacuare l' isola al più tardi in dieci giorni dopo la pubblicazione di quest'ordine. Il vescovo, attese le qualità pastorali, sarà solo eccettuato dal presente ordine.

ARTICOLO II.

Tutte le cure, e beneficj, che in virtù di quest'ordine, saranno vacanti, si daranno ai nativi delle isole di Malta e Gozo, non essendo giusto, che i forastieri godano dei vantaggi del paese.

ARTICOLO III.

Non si potrà fare da oggi innanzi voto religioso prima dell'età di 30 anni. Egli è proibito di fare nuovi preti, finchè i preti attualmente esistenti siano tutti impiegati.

ARTICOLO IV.

Non si potrà avere in Malta e Gozo, più di un convento di qualunque ordine.

ARTICOLO V.

La commissione di governo, di concerto col vescovo, designerà le case dove gl' individui del medesimo ordine dovranno riunirsi. Tutt' i beni, che diverranno inutili alla sussistenza di detti conventi, saranno impiegati a sollevare i poveri.

ARTICOLO VI.

Tutte le fondazioni particolari, tutti i conventi d'ordine secolari, e corporazioni di penitenti, tutt' i collegiali sono soppressi. La cattedrale sola avrà quindici canonici residenti in Malta, e cinque a Città Vecchia.

ARTICOLO VII.

Egli è espressamente proibito a tutt' i secolari, che non sono almeno suddiaconi, di portare il collaro, e la sottana.

ARTICOLO VIII.

Il vescovo sarà tenuto di rimettere, dieci giorni dopo la pubblicazione del presente ordine, lo stato dei preti, e la certificazione che eglino sono nativi delle isole Malta e Gozo, e lo stato di coloro che in virtù di quest' ordine devono evacuare il territorio.

Ciascun capo d'ordine sarà tenuto di rimettere un simile stato al commissario di governo.

Ciascun individuo, che non avrà ubbidito al presente ordine sarà condannato a sei mesi di prigione.

ARTICOLO IX.

La commissione di governo, il commissario annesso ad essa, il generale di divisione, sono incaricati, ciascuno in quello che lo concerne, dell' esecuzione del presente ordine.

ORDINE

Delli 30 *Prairial*, 18 *Giugno* 1798.

ARTICOLO I.

Il generale di divisione comanderà la polizia generale dell'isola, e del porto, e nessun bastimento può nè entrare, nè uscire, che in conseguenza del suo regolamento.

ARTICOLO II.

La commissione di governo è incaricata dell' organizzazione civile, giudiciaria, ed amministrativa.

ARTICOLO III.

Ella non può far niente, che in seguito alla domanda del commissario, e dopo aver sentito il suo rapporto. Le conclusioni del commissario dovranno essere messe in tutte le deliberazioni della commissione.

ARTICOLO IV.

Tutto quello, che è regolamento, non può essere pubblicato, nè aver il suo effetto, se non sarà visitato dal comandante, e dal generale di divisione.

ARTICOLO V.

La commissione dei dominj è incaricata di fare l'inventario di tutt' i mobili, ed immobili appartenenti alla republica, come anche dell'amministrazione di tutt' i beni nazionali.

ARTICOLO VI.

Ella manderà ogni mese gl' inventarj, che avrà fatti, e lo sborso di quello, che avrà ricevuto dal commissario di governo.

ARTICOLO VII.

Ella non potrà fare alcuna vendita, che in conseguenza di un ordine del generale in capo; e se egli ritroverà delle circostanze straordinarie che esigessero dei fondi, il generale di divisione, il commissario di governo, il commissario di guerra, e la commissione di governo, si riuniranno, e prenderanno una determinazione, in conseguenza della quale sarà autorizzata di vendere sino alla concorrenza di 150,000 franchi. Il commissario di governo sarà allora incaricato di fare un regolamento, e di eseguire tutt' i dettagli.

ARTICOLO VIII.

La commissione dei dominj non avrà altro pagatore, che quello della divisione militare, il quale avrà un registro di ogni cassa particolare per gli oggetti relativi.

ARTICOLO IX.

Il generale comandante l' isola avrà solo il dritto di censurare, o meschiarsi nell' amministrazione del paese. I generali comandanti sotto di lui, i comandanti della piazza, ed altri agenti militari, non si meschieranno in alcuna maniera negli oggetti amministrativi. Il generale comandante non potrà giammai essere rappresentato da uno de' suoi subalterni.

ORDINE

Delli 30 *Prairial,* 18 *Giugno* 1798.

ARTICOLO I.

Le imposte stabilite saranno provvisoriamente mantenute. Il commissario di governo, e la commissione amministrativa ne assicureranno la percezione.

ARTICOLO II.

Al più corto spazio sarà stabilito un sistema di nuove imposizioni, di maniera che il prodotto totale preso sulla dogana, sul vino, registrazione, bollo, tabacco, sale, affitti di case, e di servi ascenderà a 720,000 franchi.

ARTICOLO III.

Da questa somma saranno versati ciascun mese 50,000 franchi nella cassa del pagatore dell' armata. Questo versamento non avrà luogo che dopo tre mesi, e finalmente, che la cassa dei dominj vi supplirà.

ARTICOLO IV.

Li 120,000 franchi restanti saranno lasciati per fornire alle spese dell'amministrazione, giustizia, ecc. secondo lo stato a proposito quì annesso.

ARTICOLO V.

Quello stato sarà decretato definitivamente dalla commissione di governo con il commissionario della republica francese, fuori dell' organizzazione dei tribunali, e di diverse parti del servizio amministrativo.

ARTICOLO VI.

Il lastricare della città, ed il mantenimento per la polizia, ed i fanali sarà pagato dagli abitanti.

ARTICOLO VII.

Il mantenimento della fontana sarà pagato da un dritto, che sarà stabilito sulli bastimenti, che fanno dell' acqua, così anche le paghe degli impiegati a questo servizio.

ARTICOLO VIII.

Sarà stabilito un dritto di passo per il mantenimento delle ruote.

ARTICOLO IX.

L' istruzione pubblica sarà pagata dai beni che sono già destinati, ed in caso d' insufficienza, da quelli delle fondazioni, e conventi soppressi, secondo l'ordine precedente del generale in capo.

ARTICOLO X.

I salarj de' magistrati di sanità, e le spese relative, saranno pagati da un dritto sui bastimenti, e su i viaggiatori.

ARTICOLO XI.

Il monte di pietà sarà mantenuto, ed il commissario di governo provvederà alla sua nuova organizzazione.

ARTICOLO XII.

Lo stabilimento detto dell' Università, per l' approvvisionamento in grani dell' isola sarà mantenuto, separandone l' amministrazione antica, da contare dal primo Messidor 19 Giugno, ed il commissario di governo sarà tenuto di organizzarla in maniera da non lasciare alcuna inquietudine alla republica sull' approvvisionamento dell' isola.

ARTICOLO XIII.

Gli spedali saranno organizzati su nuove basi, e saranno provveduti ai loro bisogni dai beni dei conventi, e fondazioni soppressi, quelli che sono già destinati li saranno conservati.

ARTICOLO XIV.

La posta delle lettere sarà organizzata in maniera, che la tassa delle lettere coprirà la spesa che apporterà.

ARTICOLO XV.

Le spese relative al passaggio dell' armata, le forniture fatte per essa, e lo stabilimento del nuovo governo saranno prese su i fondi che resteranno disponibili, durante i tre mesi in cui il governo non pagherà niente all' armata.

ARTICOLO XVI.

Il commissario di governo è autorizzato a regolare provvisoriamente i casi non preveduti, rendendo conto della determinazione al generale in capo.

ORDINE

Delli 30 *Prairial,* 18 *Giugno* 1798.

ARTICOLO I.

Saranno stabiliti nelle isole Malta e Gozo quindici scuole primarie.

ARTICOLO II.

Gli institutori delle scuole insegneranno ai giovani il leggere, e scrivere in Francese, i principj del calcolo, e del pilotaggio, i principj della morale, e della costituzione francese.

ARTICOLO III.

Gli institutori saranno nominati dal commissario di governo.

ARTICOLO IV.

Eglino saranno alloggiati in una casa nazionale alla quale sarà unito un giardino.

ARTICOLO V.

Il loro salario in denaro sarà di mille franchi nelle città, e di ottocento franchi nei casali.

ARTICOLO VI.

Sarà soggetta al pagamento di ciascun institutore una porzione sufficiente dai beni de' conventi soppressi.

ARTICOLO VII.

La distribuzione delle scuole, ed i regolamenti sulla loro amministrazione, e regime, saranno confidati alla commissione di governo.

SCUOLE CENTRALI.

ARTICOLO I.

Sarà stabilità a Malta una scuola centrale, che rimpiazzerà l' università, e le altre cattedre.

ARTICOLO II.

Ella sarà composta

Di un professore di aritmetica cogli appuntamenti di 1800 franchi.

Di un professore di algebra, e di strereotomia coll' appuntamento di 2000 franchi.

Di un professore di geometria, ed astronomia coll' appuntamento di 2400 franchi.

Di un professore di meccanica, e di fisica coll' appuntamento di 3000 franchi.

Di un professore di navigazione coll' appuntamento di 2400 franchi.

Di un professore di chimica coll' appuntamento di 1800 franchi.

Di un professore di lingue orientali coll' appuntamento di 1200 franchi.

Di un bibliotecario incaricato dei corsi di geografia coll' appuntamento di 1000 franchi.

ARTICOLO III.

Alla scuola centrale saranno uniti

La biblioteca, ed il gabinetto delle antichità.

Un museo di storia naturale.

Un giardino botanico.

L'Osservatorio.

ARTICOLO IV.

Una somma di tremila franchi sarà designata al mantenimento materiale della scuola centrale.

ARTICOLO V.

Si venderanno per 300,000 franchi de' beni nazionali per la fondazione dell' approvvisionamento dell' assedio.

ARTICOLO VI.

Il commissario di governo concerterà con il commissario dei dominj per la vendita di detti beni.

ORDINE

Delli 30 *Prairial,* 18 *Giugno* 1798.

ARTICOLO I.

Si destineranno per l'ospedale fondi dei conventi, o dotazioni soppresse sino alla concorrenza di 40,000 franchi di rendita. Si prenderanno in preferenza tutte le dotazioni, che esistono di già destinate.

ARTICOLO II.

Si destineranno dei beni nazionali per 300,000 franchi per i creditori del Gran Maestro.

ARTICOLO III.

Si venderanno per 300,000 franchi dei beni nazionali per sovvenire ai bisogni della guarnigione, e della marina.

ORDINE

Delli 30 *Prairial,* 18 *Giugno* 1798.

ARTICOLO I.

Il vescovo non eserciterà altra giustizia che una polizia sugli ecclesiastici. Tutte le procedure relative ai maritaggi saranno di potere della giustizia civile, e criminale.

ARTICOLO II.

Egli è espressamente proibito al vescovo, agli ecclesiastici, ed agli abitanti dell' isola di non ricevere niente per l'amministrazione dei sacramenti, essendo il dovere dello stato loro di amministrarli *gratis.* Così i dritti di stola, ed altri simili restano aboliti.

ARTICOLO III.

Nessun principe straniero potrà avere influenza nè nell'amministrazione della religione, nè in quella della giustizia. Così nessun ecclesiastico, nè abitante potrà avere ricorso al Papa, nè ad alcun metropolitano.

Il cambiamento disordinato, prodotto dalla pubblicazione di alcuni di questi ordini, fu come un tizzone gettato in mezzo delle materie infiammabili. Gli uomini i più placidi s' irritarono, ed il malcontento generale si accrebbe a dismisura.

Il Gran Maestro, in conseguenza degli ordini ricevuti, partì da Malta nella notte del dì 17 Giugno per Trieste, in compagnia di alcuni cavalieri, scortato da una fregata francese, lasciando Malta, ed i Maltesi con inesprimibile dispiacere. Dopo pochi giorni lo seguirono altri gran-croci e cavalieri, scacciati da queste isole dalla republica francese.

Pervennero alle orecchie di Bonaparte i dispiaceri del popolo, i suoi dubbj, ed i tumulti. Egli, che voleva introdurre il suo nuovo sistema di governo con precipitanza, ma senza cagionare il minimo tristo risentimento, cercò immantinente di adattarsi ai principj, ai sentimenti della malcontenta popolazione.

Ricorse egli, pertanto, alla saggezza del vescovo, e lo pregò di rimediare sollecitamente al disordine, promettendogli di dover permettere l'esercizio della Religione Cattolica, di dover rispettare le chiese, le cerimonie, i ministri, e le pubbliche funzioni, e di dover essere geloso difensore della proprietà dei Maltesi, e delle loro persone. Il buon pastore fece reprimere con una sua pastorale, l' interno rumore, e coonestare momentaneamente la condotta del governo.

PASTORALE DI MONSIGNOR LABINI.

Nos Fr. Vincentius Labini Dei, et Sanctæ Sedis Apostolicæ gratia Archiepiscopus Rhodi, Episcopus Melitæ.

Non possiamo, figli dilettissimi, non sentire con amarezza le inquietudini onde siete afflitti pel timore di vedere dal presente governo assalita, ed intaccata la Santa Fede, che per ispeciale dono di benefica Divina Provvidenza avete ricevuto in persona de' vostri maggiori per mezzo del nostro gran padre apostolo S. Paolo. È certamente lodevole, anzi indispensabile obbligazione lo zelo per la conservazione della Santa Fede in ogni Cattolico, giacchè senza di essa non è possibile piacere a Dio, come ci insegna lo stesso Santo Dottore della verità, *sine fide impossibile est placere Deo*. Ma non è poi lodevole uno zelo irragionevole, che turba le coscienze, il riposo delle famiglie, e la pubblica tranquillità. La nostra santa religione è amante della pace, e della carità. Il carattere de' veri Cristiani, cioè de' veri discepoli di Gesù Cristo è stato sempre quello di dimostrarsi pieni di tranquilla sollecitudine nell' essere buoni sudditi, con rispettare la potestà dal Signore costituita, e buoni cittadini col promuovere il comun vantaggio. Tali certamente non si possono dire coloro i quali fra di voi vanno spargendo nuove disgustose, e false, con cui vi vorrebbero far credere che si macchina l'abolizione del nostro culto, e la distruzione della nostra santa religione. Non possiamo dissimulare, che abbiamo avuto anche noi stessi delle inquietudini nel leggere qualche carta del governo, in cui sembra, che si volesse definire, che il sacramento del matrimonio valido non fosse in alcuni casi, ne' quali la Cattolica Chiesa per valido lo riconosce, ed attribuire, ed assegnare le cause del sacramento del matrimonio al foro laico: e di più, che si volesse impedire ogni ricorso al Sommo Pontefice, come se non si dovesse da noi riconoscere, e venerare qual capo visibile, e centro dell'unità della nostra Cattolica Chiesa. Ma abbiamo il piacere di farvi sapere, che il governo si è solennemente spiegato, che non intendeva d' intaccare su questi punti la nostra santa credenza, giacchè ciò, che avea prescritto intorno i matrimonj dovea intendersi de' soli effetti civili, nulla derogando alla potestà della Chiesa rispetto al sacramento del matrimonio. Ed in quanto al Sommo Pontefice, non intendeva inquietare le nostre coscienze, con impedirci di riconoscerlo come capo della Chiesa, e di ricorrere a lui pe' nostri bisogni. Anzi di bel nuovo ha dichiarato, e si è protestato che si sarebbe lasciato libero agli abitanti di queste isole l' esercizio della Religione Cattolica Apostolica Romana. Ciò posto potete chiaramente conoscere, che se nelle carte pubbliche del governo si trovava qualche espressione che a voi sembra equivoca, ogni ragion vuole, che questa da voi s' intenda, e s'interpreti in coerenza della capitolazione fatta dal cittadino generale in capo Bonaparte, e delle chiare spieghe date dai depositarj della pubblica autorità. Ecco dunque cessato ogni motivo d' inquietudine, ecco ridonata ad ogni animo ragionevole la tranquillità, e la pace.

A maggior ristabilimento di questa tranquillità vi assicuriamo, che i medesimi depositarj della pubblica autorità promettono con ogni sicurezza, che sarà sempre conservata, e difesa la proprietà delle nostre parrocchie, e che a queste saranno lasciate illese, e libere le argenterie che posseggono.

Non date dunque, figli dilettissimi, da ora innanzi più orecchio a coloro i quali, o per pravo fine, o per ignoranza vanno turbando i vostri animi con discorsi o maligni, o sciocchi, ma ascoltate piuttosto con santa docilità le nostre parole con cui per discarico del nostro obbligo vi avvertiamo, che il vero, e sincero zelo della nostra Santa Fede consiste principalmente nell'adoperarci con ogni diligenza, che questa fede non sia in voi morta, o sterile, ma viva, e feconda di sante opere di vita eterna.

Una delle opere principali, che ella ci raccomanda, e con premura da noi esige, si è certamente l'onorare, il rispettare, e l'ubbidire alle potestà da Dio costituite. Ciò chiaramente c' inculca il nostro grande apostolo S. Paolo nel cap. 13. dell'epistola ai Romani, nel cap. 2. della sua prima epistola a Timoteo, nel cap. 13. dell' epistola agli Ebrei, e nel cap. 3. dell' epistola a Tito. Lo stesso ci raccomanda il Principe degli Apostoli nel cap. 2. della sua prima epistola. Lo stesso diligentemente praticavano i primi Cristiani verso i Principi, quantunque gentili, come fra gli altri, chiaramente ce lo attesta Tertulliano. Noi, dice egli parlando in nome di tutti i Cristiani nell'apologetico, veneriamo negli imperatori il giudizio di Dio, il quale ha dato ad essi l'impero delle nazioni. Ed in altro luogo (ad 1. cap.) così ragiona. Il cristiano non è nemico di checchesia, molto meno dell' imperatore, perchè sapendo egli, che questo è stato costituito dal suo Dio, non può fare a meno di amarlo, e riverirlo, di onorarlo, e di bramargli salute.

Eseguiamo dunque, figli dilettissimi, con ogni esattezza, comandi sì pressanti, che c' impone la nostra Santa Religione, ed imitiamo esempj sì luminosi de' nostri cari maggiori, se vogliamo con fiducia implorare, ed ottenere dall' Altissimo Datore d' ogni bene la pienezza delle celesti benedizioni, che noi di vero cuore vi desideriamo.

Malgrado i poco anzi manifestati susurri popolari sedati colla prossima pastorale, le rimostranze di un avvenire miserabile, continuarono, e divennero ogni giorno più violente. La rovina sopra tutto il paese pareva inevitabile. Il governo rivolse i suoi pensieri a cose di maggior considerazione.

Ordinò lo spoglio della Maggior Chiesa di San Giovanni, e suo tesoro, ricchissimo per i suoi ori, argenti, perle, e pietre preziose: di tutti gli argenti del ricco spedale ascendenti a scudi maltesi nove cento mila: di tutt' i materiali delle diverse officine del convento valutati ad un milione nove cento trenta nove mila, nove cento uno, e tarì tre: delle Chiese dell'Ordine: degli alberghi: e del bel mobiglio di palazzo, sebbene di questo vi rimane una porzione. Tutti allora ridusse gli ori, ed argenti in verghe, e di tutto, una porzione spedì immediatamente sulla fregata *Sensibile* per la Francia, ed un' altra, la più preziosa, prese con se Bonaparte sul vascello *Oriente*.

Egli spogliò ancora in Giugno la Cattedrale di tutt' i suoi ori, ed argenti valutati a scudi ottanta mila circa: la Chiesa del Carmine, ed il monistero di San Benedetto della Città Vecchia.

Quì comprese ognuno abbastanza quanto funesta fosse stata la sorte di queste isole sotto quel governo, e ciascuno previde l'estrema rovina di tutti.

Bonaparte, prima di passare più oltre alla generale riforma, credette necessario di farne piccola pausa, e di darne un aspetto seducente alle cose, per poter indi con più sicurezza adottare il suo ideato piano.

Chiese, a tal effetto, la fede battesimale di tutt' i nazionali sin allora schiavi sotto il potere Turco, per riscattarli, e liberi condurli in seno delle loro desolate famiglie.

Quella pausa fu però di poca durata. Dopo pochi giorni egli infatti s' impadronì di tutt' i beni, e ricche fondazioni della Maggior Chiesa di S. Giovanni, e proibì ai conventuali di più là ufficiare: eresse quella in Cattedrale di Malta, e quella consegnò al vescovo, in cui egli solennizzò per la prima volta la festività di S. Giovanni con molta pompa.

In quel frattempo il generale Vaubois ordinò, con un proclama, a tutt' i marinari Maltesi, che non erano ammogliati, ed agli ammogliati che non avevano trenta anni, di presentarsi fra 24 ore, sotto pena di sei mesi di carcerazione, dal commissario della squadra, o dall' ordinatore della marina, per imbarcarsi sull'armata.

Bonaparte unì, in seguito, alla sua squadra una delle galere di Malta, e la equipaggiò di soli Maltesi. Fece imbarcare sull' armata i soldati del quartiere in numero di otto cento, e sul vascello *Oriente* i tre cento soldati di guardia del Gran Maestro, ed invitò con quei modi, che non sono lontani dalla violenza, tutt'i giovani cavalieri a seguirlo.

In quello strano rovescio di cose, il generale in capo, riferendosi ai suoi ordini, come sopra pubblicati, divise Malta, e Gozo in dodici cantoni, due per le quattro città, tre per l'isola del Gozo, e sette per la campagna. Chiamò la Città Valletta cantone d'occidente, e le altre tre Città Vittoriosa, Senglea, e Cospicua cantone d'oriente.

Conferì il comando militare al generale Vaubois, ed il civile, sotto le disposizioni già menzionate, al generale Regnaud de St. Jean d' Angely.

Nominò per la commissione di governo, presidente l'ex-commendatore Ransijat; Membri, i cittadini Salvatore Astor, Dr Benedetto Schembri, Notaro Frendo, Paolo Grungo, Gio. Francesco Dorel, Don Saverio Caruana, Paolo Ciantar, Vincenzo Caruana, segretario Doublet;

Per la municipalità del cantone d' occidente. I cittadini fra Stefano Libreri presidente, Camillo Sceberras, Saverio Portughes, Filippo Torregiani, Nicola Efner membri, Amabile Vella segretario;

Pel tribunale di pace, giudice Dr Roquer. Per il civile, presidente Dr Gio. Nicolò Muscat, giudici Dr Giuseppe Borg Olivier, Dr Vincenzo Bonavita, Dr Salvatore Zammit, Dr Giacomo Pizzuto;

Per quello della criminale, Dr Bonanni presidente, Dr. Pubblio Perez accusatore, Dr Torregiani difensore pubblico, Dr Calcedonio Fenech prodifensore;

E pel tribunale di commercio confermò provvisoriamente i membri, che lo componevano.

Nel cantone d' oriente, nella Città Vecchia, ed in ogni distretto componente cantone nella campagna, destinò la municipalità, ed il giudice di pace;

Per la commissione amministrativa dei dominj nazionali nominò i cittadini, Rossuel presidente, amministratori Gio. Francesco Dorel, Planes, Poussielque;

Pel tribunale finalmente criminale della Città Vecchia, creò giudice Dr Calcedonio Debono, accusatore Dr Lorenzo Pullicino.

Furono decorati i membri della commissione di governo, di abito nero, fascia tricolore di seta legata circa i lombi, con ricca frangia d'oro, che pendeva nelle sue estremità, di ferrajuolo nero di seta colle rivolte rosse appeso al collo sino alle ginocchia, e di cappello nero alzato da una parte colla coccarda tricolore, e tre piume bianca, rossa, e turchina. Il segretario portava abito nero, fascia tricolore, ed il cappello colle piume.

I membri delle diverse municipalità si vestivano di abito nero, fascia tricolore, e cappello con piume, come sopra. Nella fascia del presidente vi era una frangia d'oro appesa da sopra la spalla destra, e legata sotto la spalla sinistra.

Bonaparte sembrò allora di sua opera soddisfatto, e pienamente contento della scelta degli ufficiali, ai quali avea affidato il comando, la continuazione del suo piano, e la fedele esecuzione. Fu per lui felice il principio di sua intrapresa, ma non trovò in Malta la durata, che egli aveva sperato.

Un altro impegno frattanto di più grande importanza lo chiamava a levante, per cui era costretto di lasciare queste isole senza ritardo. Un ordine, in conseguenza, annunciò la prossima partenza dell'armata, la quale produsse dispiacevol effetto, e molte famiglie pose in agitazione per la privazione forzata del figlio, del marito, del parente, e dell' amico. Si sentirono, in quella circostanza, pianti in tutta Malta, e tutt' i Maltesi deplorarono altamente la loro condizione infelice.

Ciò nondimeno Bonaparte partì dal gran porto nel giorno destinato con tutta l'armata, e si diresse pel suo destino.

Effettuata appena la sua partenza, le diverse autorità costituite cominciarono a rendere pubbliche le loro sedute, e si posero nell' attitudine la più energica.

Furono infatti pubblicati, in pochi giorni, i seguenti ordini.

COMMISSIONE DI GOVERNO.

4 *Messidor*, 22 *Giugno* 1798.

La commissione di governo avendo avuto riguardo alle osservazioni del commissario francese, ed alla necessità di abolire gli antichi nomi, stabilisce

Che la Città Valletta, Senglea, Vittoriosa, e Cospicua non saranno più che una sola città chiamata di Malta.

Che l' una delle due Municipalità, la di cui seduta sarà nel luogo chiamato altre volte l'università, si chiamerà la municipalità dell' occidente: e che l'altra, che siederà nell'altra parte del porto, ed il luogo delle sue sedute sarà nella casa occupata altre volte dall'ex-generale delle galere, si chiamerà municipalità dell'oriente.

(Sottoscritto) RANSIJAT.

AVVISO

DELLA MUNICIPALITA' DELL' OCCIDENTE.

Li 6 *Messidor*, 24 *Giugno* 1798.

La municipalità dell' occidente significa agli ex-cavalieri, che non hanno ubbidito al primo ordine di partire fra tre giorni, che essendo spirato detto termine, si accorda una dilazione di quaranta ott' ore, fra la quale onninamente debbano partire, eccettuati quelli, che hanno avuto il permesso dal generale in capo dell' armata, che dovranno esibirlo fra venti quattro ore alla municipalità suddetta.

Il presidente della municipalità,

LIBRERI.

SESSIONE

Delli 7 *Messidor alla mattina*, 25 *Giugno* 1798.

La commissione di governo, dopo di aver inteso la relazione del cittadino Astor, e sentite le osservazioni del commissario di governo, sull' importazione ed il commercio dell'orzo nelle isole Malta e Gozo,

ORDINA

Il commercio dell'orzo è libero, ed è permesso da oggi innanzi nelle isole Malta e Gozo a tutt' i negozianti francesi, maltesi, e stranieri. L' amministrazione conosciuta sotto il nome dell' università non ne farà più comprare nè vendere per suo conto.

Sarà pagato per ogni salma di orzo, entrando nell' isola di Malta, ed ivi restando per essere consumato, il dritto di uno scudo di Malta, o 48 soldi di Francia per salma.

Il doganiere è incaricato della percezione di questo dritto, ed a questo effetto sarà fatto in sua presenza un misuramento allo sbarco di ogni bastimento, o barca, di orzo.

Verun bastimento nè potrà entrare, nè scaricare, in nessun luogo della costa delle isole Malta e Gozo, ma solamente nel gran porto, sotto pena di confiscazione delle mercanzie, e di castigo penale, come per contrabbando.

I giurati rimetteranno al negoziante che gli aveva provvisti d'orzo, la quantità che hanno ancora in magazzino, in deduzione di quello che gli è dovuto, al medesimo prezzo della vendita da lui fatta.

Il doganiere, o pure il suo preposto, sarà presente a questa rimessa, affinchè possa percepire il dritto di 48 soldi per salma, al quale questo orzo è soggetto, come quello che entrerà da oggi innanzi nel porto.

Il presente ordine sarà stampato nelle due lingue, affisso, e mandato ai consoli francesi nei porti di Sicilia, e di Napoli, nei porti di Levante, e delle potenze barbaresche, e notificato nel giorno d'oggi al doganiere.

Il presidente della commissione,

Bosredon Ransijat.

PROCLAMA.

STATO MAGGIORE DELLA DIVISIONE DI MALTA.

Dal quartiere generale di Malta, il dì 8 Messidor anno 6 della Republica Francese, il dì 26 Giugno 1798.

In conseguenza degli ordini del generale Bonaparte, il generale di divisione comandante in capite le isole di Malta e Gozo, ordina a tutti gl'individui di 50 anni e più, che hanno servito nei diversi corpi col soldo dell'antico Ordine, e non possono per cagione delle loro infermità far parte dell'armata attiva, di presentarsi nella prossima decade per tutta dilazione (giovedì 28 Giugno 1798) nel burò del generale di brigata comandante i forti, e la città di Malta, nel palazzo nazionale, per essere quivi registrati ad effetto di formare le compagnie de' veterani.

(Sottoscritto) Il generale di brigata,

Chanez.

Furono in seguito arrolati ancora alcuni uomini della Valletta dell'età di 17 alli 50 anni per la guardia nazionale, mille de' quali furono destinati per lo cantone d' occidente, e nove cento per quello d' oriente, incaricandoli, oltre della polizia, quello dell'occidente, di guardare il palazzo del commissario di governo, e della municipalità, e quelli dell' oriente, il palazzo del generale, della municipalità, e la piccola marina della Vittoriosa.

Indipendentemente dalla guardia nazionale, si formò la guardia d'onore composta di 30 giovani maltesi, i quali dovevano accompagnare il generale d' occidente in tutte le occasioni di pubblica gala, e si scelsero 60 giovani, per mandarli nel collegio di Parigi, ed altri sei per la marina, i quali furono posti nel grado di aspiranti.

Il reggimento chiamato del falconiere, composto di otto cento uomini della campagna, fu riconosciuto sotto nome di reggimento di cacciatori, e tutt' i gradi fin allora occupati dai cavalieri in quel reggimento, si diedero ai Maltesi.

Approssimandosi, frattanto, il giorno 14 Luglio, giorno dedicato alla segnalata festa della libertà, il commissario di governo invitò la commissione di governo a darne tutte le disposizioni, che crederebbe convenevoli per solennizzare con tutta pompa quel giorno memorabile. La commissione, in adesione ai suoi voleri, pubblicò i regolamenti seguenti, e pregò il generale di divisione Vaubois d'incaricarsi della direzione di quella solennità della più alta considerazione.

REGOLAMENTI

DATI DALLA COMMISSIONE DI GOVERNO.

1. Che la festa delli 14 Luglio sarà celebrata con tutta la solennità degna del suo oggetto.
2. Che tutte le autorità costituite della città saranno invitate.
3. Che le municipalità saranno invitate a mandare un deputato.
4. Che il vescovo di Malta sarà invitato.
5. Che saranno maritate quattro povere ragazze a spese del governo.

6. Che la commissione di governo preghi il generale di divisione Vaubois d'incaricarsi con il suo stato maggiore di prendere, a nome della gran nazione, la direzione di questa festa, e di ajutare i Maltesi a celebrare degnamente la libertà, della quale i Francesi hanno loro assicurato il godimento.

7. Che la commissione di governo farà stampare, in seguito delle istruzioni del generale Vaubois, il programma della festa.

8. Che la medesima si riserva d'istruire i suoi concittadini con un proclama dell' oggetto di questa festa, ove l'ordine, la decenza, il rispetto de' costumi delle persone, e delle leggi, devono unirsi all'allegrezza di una unione tranquilla, e fraterna.

9. Che le corse a piedi ed a cavallo, che si facevano nel giorno di S. Giovanni, si faranno per la festa nazionale delli 14 Luglio : i premj saranno distribuiti secondo l'uso ai vincitori, che avranno luogo distinto nella cerimonia della libertà.

Il presente stabilimento sarà pubblicato nelle due lingue, affisso, e mandato alle municipalità.

Il presidente della comissione,
BOSREDON RANSIJAT.

La municipalità d'occidente, che avea abbastanza compreso l'importanza di quella fausta circostanza, per una sua rappresentanza, chiese alla commissione di governo l'autorizzazione di aprire un registro, unitamente alle altre municipalità, coll'epoca delli 14 Luglio, per maggiormente interessare i Maltesi a solennizzare quella festa, e far dimostrare ognuno colla sua sottoscrizione, il suo voto di voler essere cittadino francese, dal che la gran nazione potrebbe conoscere l'unanime sentimento di tutti, o della maggior parte, per siffatta unione fortunata.

La commissione di governo aderì all'avanzata petizione, e permise ad ogni municipalità di aprire un registro, in cui i Maltesi potessero inscrivere i loro nomi, e così vedere il loro paese riunito alla republica francese.

L'ordine dato di levarsi dalle chiese, dai luoghi pubblici, e dalle private case tutte le armi, ed insegne onorifiche del passato governo, e delle famiglie, e di porre nelle porte maggiori delle chiese lo stendardo nazionale, non essendo stato letteralmente eseguito, il commissario di governo, riflettendo che quelle non potevano più oltre adornare i loro rispettivi luoghi coll'approssimazione del giorno festivo della libertà, ed uguaglianza, e che gli stendardi suddetti dovessero senza meno sventolare in quel rimarchevole giorno, pensò sollecitamente di ordinare, che fra tre giorni si dovessero quelle cancellare interamente da ogni luogo tanto nell'interno, che nell'esterno, e che in loro vece si ponesse lo stendardo tricolore con il berretto della libertà, sotto pena di scudi cinquanta, senza pregiudizio di altre maggiori, in caso di nuovo ritardo.

I preparativi frattanto per la prossima solennità dell'albero erano già con tutta prestezza incominciati. Tutt' i ministri del governo, ed i seguaci de' Francesi si prestarono senza esitazione, e con tutta attività. In quel momento il popolo mostrò scontentezza, e le prese disposizioni generarono il massimo scompiglio. Una sorda voce ancora si sparse da per tutto, che l'inventato sistema della libertà era nell' intrinseco un dispotismo assoluto, che i Francesi nel brio di quella giornata dovessero commettere eccessi i più nefandi, e che l'onore, la roba e le persone dei Maltesi pericolavano.

Alcuni amici dei Francesi andavano allora inspirando paura, altri erano impegnati di calmare i timidi, e di persuaderli in contrario. I vani pensieri del popolo furono alla fine presentati al governo. Quello esortò i suoi ministri di usare prudenza nella loro condotta, e di non prendere alcuna misura decisiva.

L'effervescenza popolare ciò nondimeno cresceva di momento in momento. Il governo pensò allora di arrestare i falsi insorti sospetti coll'ajuto de' parrochi, e quelli riuscirono nell'impegno. Il generale Vaubois diresse ancora alla nazione un suo proclama sostenuto da melate lusinghiere espressioni.

PROCLAMA.

Del Generale Vaubois delli 14 *Messidor,* 2 *Luglio* 1798,

AL POPOLO MALTESE.

L' aurora della libertà brilla sin da pochi giorni nella vostra isola: da per tutto, e su le vostre mura, ondeggiano i suoi stendardi. Da lungi dimostrano essere già spezzati i vostri ferri.

Ben presto riluce per voi il decimo quarto giorno di Luglio, giorno per sempre memorabile, in cui il popolo francese da tanto suo vasto impero mandò dei deputati, i quali riuniti nella capitale giurarono in una festa augusta a suo nome scambievole sostegno per la destruzione del dispotismo, costanza e coraggio per far trionfare i principj della ragione, e della giustizia. Questa confederazione insegnando all' Europa, che la nazione francese vuol essere libera, fece tremare i despoti. Questa lega mostruosa ha disposto i Francesi fedeli al loro giuramento, rovesciando tutt' i troni.

Popolo Maltese, solennizziamo l'anniversario di questo gran giorno. Guardatevi dalle suggestioni perfide di un piccolo branco di uomini, che soliti ad umiliarsi, rispettano i loro antichi padroni: già questi medesimi uomini invece di una festa augusta e fraterna vi annunciano dei disordini, e vi fanno temere funesti avvenimenti. Rispondete però colla più costante fiducia a queste calunniose insinuazioni. Unitevi ai Francesi, i vostri cuori aprite alle dolci effusioni dell'amicizia, e della fraternità. Riguardatevi in fine come figli di una medesima famiglia.

La gran nazione su di voi fissa i suoi paterni sguardi. Si occupa essa della felicità vostra, e della prosperità del vostro paese. Manifestate adunque al governo il piacere proferito di far parte della prima republica del mondo. Si elevino i vostri animi all' altezza delle circostanze, e dal gran velo, da oggi innanzi, voi siete liberi.

Disparvero già gli attributi del dispotismo. Sulle sue ruine s' innalza nella vostra isola l'albero della libertà: ecciti questa per sempre la vostra riconoscenza. Essa vi richiama senza posa, che chi respira sotto questo albero è uguale nei dritti.

Ho il vantaggio di comandarvi sin dalla vostra rigenerazione, sarà il mio desiderio di farvi convincere, che tutte le mie azioni tendono a rendervi felici, e che nella felicità pubblica soltanto io cerco la mia unica e dolce ricompensa.

VAUBOIS.

In quel frattempo il commissario, e la commissione di governo, sempre pensando alla riforma non ancora completata, emanarono gli ordini quì appresso riportati, e si pubblicarono altri regolamenti in aggiunta alli già stabiliti, conducenti l'ordine, le cerimonie, e la decenza, che si doveano praticare nel giorno della libertà.

ORDINE

Del cittadino Regnaud de St Jean d'Angely, commissario del governo francese.

Li 18 *Messidor anno* 6 (6 *Luglio* 1798.)

Considerando, che le leggi francesi favorevoli agl' individui, che gli antichi principj, e le leggi particolari, trattano con un'ingiusta severità, si devono reclamare il più presto che si può;

Che le leggi relative ai figli naturali sono in questo caso, che è premuroso di assicurare a questa classe, fin adesso molto sfortunata, il godimento di tutt' i dritti civili, e di non far oltre soffrire per lungo tempo la pena di una mancanza che non è propria.

STABILISCE

1. Le leggi francesi relative alli figli naturali saranno eseguite in Malta.

2. In conseguenza i figli naturali, compresi gli adulterini, saranno capaci di esercitare ogni funzione pubblica con quei nati da legittimo matrimonio.

3. I figli naturali nati da padre e madre liberi *ex soluto et soluta* erediteranno l' uno l'altra. Se la loro madre fosse libera le succederanno, e non avranno contro il padre, che l'azione per i loro alimenti, e l' educazione, senza succedere con i figli nati da legittimo matrimonio.

Il presente stabilimento sarà stampato nelle due lingue, pubblicato, e mandato dal commissario di governo alli tribunali, ed alla commissine di governo, per essere confermato in tutto, sino che abbino il testo preciso delle leggi francesi.

Il generale di divisione Vaubois sarà invitato a darvi la sua approvazione.

(Sottoscritto) REGNAUD DE ST JEAN D'ANGELY.

LA COMMISSIONE DI GOVERNO,

18 *Messidor*, 6 *Luglio* 1798.

La commissione di governo, deliberando sopra la domanda di molti cittadini, che hanno mostrato il desiderio di vedere farsi dal governo un invito fraterno a tutti gli ex-nobili, ed altri, che hanno

H

ricevuto dall'antico governo certe patenti, diplomi, brevetti, bolle, ed altri titoli parimenti onorifici, di portarli il giorno della festa nazionale delli 14 Luglio, per essere abbruciati ai piedi dell'albero della libertà;

Considerando, che questa misura è indispensabile, per operare la destruzione del regime feudale sin dalle radici, dopo di aver inteso il commissario di governo francese,

STABILISCE

Tutt' i titoli onorifici saranno abbruciati il giorno della festa nazionale delli 14 Luglio, e tutt' i cittadini che ne sono possessori sono invitati a portarli ai piedi dell'albero della libertà.

Il presente stabilimento sarà stampato, e mandato a tutte le municipalità, e l'esecuzione specialmente è affidata alla municipalità dell'occidente di questa città.

(Sottoscritto) BOSREDON RANSIJAT,
Presidente.

COMMISSIONE DI GOVERNO,

25 *Messidor*, 13 *Luglio* 1798.

IL COMMISSARIO DI GOVERNO ORDINA

1. In conformità delle leggi francesi, tutte le sostituzioni, ed i loro effetti sono aboliti per l'avvenire.

2. Coloro che sono in possesso, e godono beni sostituiti possono disporre a titolo oneroso, e gratuito secondo le leggi come delle loro proprietà. Dopo la loro morte entreranno nella divisione della loro successione.

3. Tutt' i processi incominciati per la sostituzione sono aboliti, compensando le spese fra le parti.

4. Il bene sostituito, che aveva cagionato il processo entrerà nella successione del defunto, e si dividerà fra gli eredi secondo le leggi.

5. Le sentenze date in ultima istanza saranno eseguite, ed il processo de' beni sostituiti sarà mantenuto in conformità dell'articolo 2 a colui al quale sarà stato aggiudicato.

6. Le sentenze in prima istanza saranno riguardate come non date, e le parti si regoleranno in conformità dell' articolo 3.

7. Il presente sarà mandato alla commissione di governo, ed alli tribunali, per essere trascritto fra i loro registri, ed eseguito sino allo stabilimento di una nuova legislazione nell' isola.

(Sottoscritto) Il commissario di governo
REGNAUD DE ST JEAN D'ANGELY.

PROGRAMMA

Per la festa del 14 *Luglio* 1798.

La guardia nazionale, le truppe di linea, i cacciatori si riuniranno sulla piazza nazionale, e su quella della libertà a tre ore dopo mezzo giorno.

A quattr' ore si farà la carriera, e la distribuzione de' premj.

Finita questa distribuzione, le municipalità verranno a prendere il commissario, e la commissione di governo.

Tutti radunati si renderanno dal generale di divisione comandante, dove il suo stato maggiore sarà riunito.

Si partirà dal palazzo nazionale per rendersi sul porto nell'ordine seguente.

1. Un distaccamento di granatieri francesi preceduto da' tamburi.

2. Un distaccamento di cacciatori maltesi preceduto da coloro, che avranno riportato il premio nella corsa.

3. Le due municipalità dell' oriente, e dell' occidente, ed i deputati delle municipalità di fuori.

4. Le amministrazioni diverse, quella della sanità, e tutt' i Maltesi, che hanno ricevuto l'autorità di portare l'uniforme nazionale.

5. I sei giovani aspiranti della marina nominati per partire sulli vascelli della republica.

6. Un distaccamento di truppe francesi, con tutt' i tamburi e musica.

7. La commissione di Governo preceduta dalla sua guardia, con il vescovo di Malta, le quattro figlie maritate nel giorno medesimo, ed i loro mariti.

8. Il generale di divisione, il commissario di governo, il generale di brigata, il comandante della piazza, i commissarj ordinatori di marina, e della guerra, e finalmente tutto lo stato maggiore.

9. Un distaccamento di granatieri francesi.

La piazza sarà attorniata dalla guardia nazionale unita alle truppe di linea.

Il corteggio partirà in quest' ordine, e si renderà sul porto.

Il comandante dell' armata col suo stato maggiore, e l' ordinatore della marina saranno sul ponte di uno dei vascelli della republica. Tutti i vascelli del porto saranno paviglionati.

Il generale di divisione comandante, e suo stato maggiore, anderanno con il commissario, e la commissione di governo, a bordo del vascello ammiraglio. S' inalbererà il paviglione tricolore, che sarà salutato dai cannoni dei vascelli, e dei forti. L'ordinatore della marina rimetterà alli sei aspiranti maltesi il paviglione, che dovrà essere messo nell' albero della libertà, per portarlo sulla piazza.

Il corteggio ritornerà sulla piazza della libertà passando dalla strada dei diritti dell' uomo, e nel medesimo ordiue che andarono.

Lo stato maggiore della marina si riunirà al ritorno a quello della terra.

Il generale di divisione prenderà luogo il primo sull' altare della piazza con il generale di brigata, il commissario di governo, la commissione, e le autorità costituite. Si canteranno gl' inni, e si faranno sentire le arie guerriere care ai Francesi.

S' alberera lo stendardo tricolore all' alto dell' albero della libertà. Il paviglione sarà salutato dalle artiglierie de' rampari. Il generale di divisione sarà ricondotto al palazzo nazionale da tutte le autorità costituite. La città sarà illuminata. Vi sarà un' orchestra sulla piazza della libertà. I soldati, e sotto-ufficiali riceveranno l' indomani un giorno di paga per gratificazione.

Dopo la pubblicazione di questi ultimi regolamenti, s' incominciò tosto il lavoro nella piazza di palazzo, allora chiamata della libertà. In mezzo di questa si eresse un grande albero col berretto tricolore in cima. Vicino a quello si vedeva una piramide coperta di tela, posata sopra una base su quattro scalini. In una facciata della piramide vi era dipinto lo sbarco dei francesi in Malta ; nella seconda si vedevano gli schiavi con ceppi infranti, che ballavano coi Francesi, e Maltesi insieme ; nella terza si scorgeva un guerriero, che ordinava la partenza del Gran Maestro con tutti i Gerosolomitani ; nella quarta eravi espressa l'apertura del commercio.

Nell' antecedente giorno alla festa, furono invitati tutt' i funzionarj pubblici, e molte famiglie distinte del paese, per godere da palazzo la brillante funzione dell' albero, e fu ordinata un' illuminazione generale ; in quella stessa sera si fece nella piazza della libertà, come preludio alla festa, grande fuoco artificiale.

Il molto bramato giorno 14 Luglio essendo arrivato, alle ore otto di mattino giunsero nella piazza della libertà quattro giovani orfane, scelte dal conservatorio del governo, accompagnate dalla guardia nazionale, e suoni, per isposare in quel giorno di novella perfetta contentezza. Esse si posero vicino il tempio della libertà in mezzo ai soldati del reggimento de' cacciatori, e della guardia nazionale, che loro attorno eransi ben disposti. Erano quelle riccamente vestite di bianco, e le loro teste furono dal generale Vaubois adornate di ghirlande di rose. Quella cerimonia fu venerata colle scariche di moschetteria, e collo sparo dei cannoni di tutte le fortificazioni, e vascelli. Corteggiate dalla commissione di governo, e dalle municipalità, quelle furono portate allora in palazzo. Di là tutti partirono insieme per la chiesa di S. Giovanni. Colà giunti, i generali, e la commissione di governo, si assisero sopra un palco posto fuori del presbiterio a man destra, parato di rosso damasco, e le municipalità a sinistra sopra un altro. Monsignor vescovo recitò da sotto il trono una sua omelia, diede alle spose il consenso, e celebrò la S. Messa. Il commissario di governo poi con tutto il suo corteggio si restituì in palazzo, e le spose ebbero in regalo cento scudi di Malta per ciascuna.

Alle ore tre pomeridiane dello stesso giorno si radunarono sulla piazza della libertà tre reggimenti francesi, quello de' cacciatori, e della milizia urbana, e si posero a quadruplicate file intorno all' altare della libertà. Poco tempo dopo arrivarono in palazzo le municipalità, la commissione di governo, gli ufficiali francesi, e maltesi, i giudici di pace, e tutte le autorità costituite. Così uniti tutt' i corpi civili, e militari, cinquecento soldati marciarono per la marina, seguiti dal generale in capo e suo seguito, tutti vestiti nella più grande etichetta. Arrivati nel molo della barriera, il generale, la commissione di governo, il commissario, le municipalità, i giudici di pace, ed i sei giovani maltesi ascritti alla marina, s' imbarcarono sulle scialuppe, e si portarono sul vascello di Malta. Là giunti furono salutati dal vascello, ed il commissario di marina consegnò agli aspiranti maltesi lo stendardo, che si dovea porre in cima dell' albero della libertà, e diresse loro il seguente discorso, il quale terminato si alberò nel vascello la bandiera tricolore, e vi fu il saluto di tutt' i vascelli e delle fortificazioni.

DISCORSO

Del Commissario ordinatore della marina Menard.

Giovani maltesi che la republica chiama al suo servizio, il generale in capo, il commissario di governo, ed i vostri concittadini vi danno oggi una gran prova della loro stima, e della loro confidenza. Non solamente essi vi ammettono alla celebrazione di questa festa augusta, ma vi confidano ancora la custodia dello stendardo della libertà.

Ugualmente fortunato sono io, che sono stato eletto per rimetterlo nelle vostre mani; che questo felice giorno non esca mai dalla vostra memoria! Per me, egli mi chiamerà sempre ai miei doveri, ed alla fedeltà, che io devo alla republica; per voi che egli serva per elevare i vostri animi alla più grande altezza, per farvi sempre ricordare, che voi appartenete a quel popolo, che ha saputo riformarsi colla sola energia della sua volontà; che egli serva a ricordarvi per sempre, che si è per lui, che voi avete ripreso una nuova vita sopra lo stesso rogo che vi consumava.

Vedete già intorno a voi in un istante, per una metamorfosi incredibile, la catena della schiavitù divenuta la sciarpa dell' eguaglianza, l'egoismo, l'insolenza, l'abuso del potere disparvero, ed hanno dato luogo alla morale, alla ragione, alla giustizia.

Testimonj de' suoi prodigj, voi dovete fare tutti i vostri sforzi per consolidare la grande opera: fedeli alle leggi della republica che vi adotta, marciando di un passo fermo, e costante nel sentiero della virtù, voi non dovete giammai perdere di vista, che se la filosofia vuole che l'uomo sia eguale dell'uomo, nell'ordine politico vi devono essere dei superiori, altrimenti l' eguaglianza, che gli spiriti ardenti desiderano, non sarebbe in se stessa che un dispotismo mascherato, che un' anarchia distruttiva delle leggi sociali, e di tutti i nodi, che uniscono la gran famiglia.

Voi avete dei superiori, ma voi potete divenirne, e rispondere come Fabricio al Re di Epiro che voleva corromperlo. Conservate il vostro oro, ed il vostro onore. Noi altri Romani siamo tutti ricchi, perchè la patria che c'innalza ai grandi posti non ci dimanda che dei talenti, e della virtù.

Tali sono, miei giovani, i principj che la republica ha consecrato, che siano vostri: seguendoli fedelmente, restando attaccati al suo servizio, contribuendo alla sua gloria, voi meriterete il nome di francesi; e come essi voi sarete l'oggetto dell'ammirazione della schiatta futura.

Ricevete questo stendardo, che il valore, e la virtù vi affidano, e portatelo con venerazione sulla piazza della libertà.

Terminato appena il discorso tutta la comitiva ritornò a terra, ed unita al resto del corteggio, che era rimasto sul molo, s'incamminò verso la piazza, nello stesso ordine con cui si era là portata. Tenevano lo stendardo quattro degli aspiranti maltesi accompagnati dagli ufficiali loro concittadini. Giunti nella piazza della libertà, fra lo strepito di armoniosa musica, alla vista di un folto popolo estatico, s'innalzò lo stendardo sull'albero, in mezzo alle acclamazioni di perfetta gioja, ed al fragore de' cannoni di tutte le fortificazioni.

Il generale Vaubois, il commissario di governo, il presidente, e la commissione di governo pronunciarono allora un discorso al popolo. Fra l'uno e l'altro, la musica, ed il canto degl' inni patriottici, si mescolavano alle grida di giubilo.

DISCORSO

Del generale Vaubois.

Popolo di Malta, appena l'umiliante aristocrazia è sparita dalla vostra isola, che un' occasione si presenta, in cui i Francesi vostri liberatori vi possono esprimere la soddisfazione che provano nell'avervi adottati come nuovi fratelli. Quest'albero che viene ad inalzarsi maestosamente v'invita sotto la sua ombra per cimentarvi con effusione di cuore la volontà la più determinata di consolidare la libertà nascente di cui i Francesi vogliono che sèco loro godiate.

Per tale augusta cerimonia purifichiamo questa piazza, dove tanti buoni cittadini erano esposti agli insulti di quegli esseri, che il solo aspetto degli uomini liberi annichilò. Sì, è in questo luogo, che eglino si radunavano per trattenersi di progetti sinistri. Sì, è in questo luogo, che eglino inventavano le false notizie per ispargerle nel popolo. È quì, che eglino manifestavano il loro odio contro gli amici della libertà, e degli eroi che l'hanno conquistata.

Quale differenza oggidì? Gli agenti che governano a nome della republica francese il popolo, della di cui felicità essi sono preoccupati, gli eroi dell'armata del nord, e del mezzo giorno, questi bravi, che alla sola vista di quest'albero, che essi hanno radicato in tanti luoghi, si promettono ancora di estenderne la piantagione pella felicità generale, tutti questi fratelli confusi, ed uniti insieme non altro respirano che la concordia, ma nello stesso tempo tutti giurano con entusiasmo di polverizzare chiunque sarebbe il temerario da volerlo abbattere.

Fratelli dell' isola di Malta, destatevi oramai, e gli occhi volgete su i vostri futuri destini. Vedete come con un governo libero, e la vostra felice posizione nel Mediterraneo, la vostra isola or va a divenire l'emporio del Levaute. Osservate come non vi saranno più funeste le spiagge della Barbaria: non avrete più a temere di poter essere strascinati schiavi. All' annuncio di tal vantaggio, io mi persuado, che le vostre anime elettrizzate, vorranno prendere un' energia salutare, che se per azzardo il nemico insultasse le vostre sponde, correrete allora meco, e farete o che perisca nel vostro suolo, o che fuggendo precipitosamente, un gran numero ne resti sepolto nelle onde.

E voi miei fratelli di armi vedete questi nuovi concittadini con il più grande interesse: non solamente voi dovete rispettare le loro proprietà, ma impedire ancora, che qualche cattivo soggetto (che disgraziatamente se ne trova da per tutto) facci il minimo torto a questo popolo industrioso, e tranquillo.

Continuate ad essere terribili nei combattimenti, ma guadagnata la vittoria, e fatta l'associazione di un popolo alla gran famiglia, fate succedere ben tosto al vostro ardore guerriero, la benevolenza, la dolcezza, e la fratellanza.

DISCORSO

Del Commissario di Governo.

È in questo giorno che cominciò la guerra della libertà. È in questo giorno che i Francesi combatterono, e vinsero per la prima volta per essa. È in questo giorno, che lo stendardo tricolore innanzi a cui si sono tante volte abbassate le bandiere dei re, fu inalberato da mani trionfanti sulle ruine della rovesciata bastiglia.

Giorno augusto io ti saluto! Tu non sorgerai da ora innanzi, da ora innanzi tu non illuminerai più la terra senza essere celebrato con trasporto da tutti gli uomini degni di questo nome! Essi si riuniranno per rendere omaggio alla libertà, che tu facesti succedere a tanti secoli di tirannia: essi si riuniranno per pagare un tributo di gloria, e di cordoglio alla memoria di quei, che osarono i primi armarsi, combattere, vincere e morire, per rendere all'uomo i suoi dritti, e la sua dignità.

Giorno augusto! In quanti climi fra piccolo spazio di anni i Francesi hanno già solennizzato il tuo ritorno! In questo stesso momento in quanti luoghi essi celebrano la tua immortale memoria!

Quanti popoli già schiavi si raccolgono sotto la tua bandiera! Quante mura macchiate non ha guari dalle insegne del dispotismo sono decorate de' tuoi stendardi!

Dal Danubio all'Adige, dal Reno sino al Tevere, da Laxembourg a Leoben, dai Baluardi di Magonza sino alle rocche del Campidoglio, l'occhio fiero dell' uomo libero, l'occhio intenerito dell'uomo sensibile si riposa con orgoglio, e con serenità sotto i sacri colori, che formano in un tempo la bandiera della libertà, e della vittoria, e lo stendardo della filosofia, e dell'umanità.

Popolo maltese, le vostre mani libere unite alle mani liberatrici dei Francesi, che vengono d'inalberarlo nella vostra città. Voi, che non avete fin ora celebrato, che le feste della schiavitù sotto gli occhi della tirannia, celebrate oggi con i vostri fratelli, e vostri amici la festa della libertà, che essi vi hanno recata.

Innalzate gli occhi intorno a voi, e vedete tutt' i motivi di confidenza, e di gioja, tutt' i pegni di quiete, e di felicità che vi circondano.

Vedete i Francesi di cui la calunnia, e l'odio, la cattiva fede, e l'errore forse vi avevano fatto un sì infelice ritratto: vedete i generali, ed i soldati, amministratori, e cittadini, stendervi una mano fraterna, e confondersi fra di voi coll'abbandono della confidenza, e dell'eguaglianza.

Dite, sono de' vincitori, o degli amici, dei conquistatori, o dei liberatori, che voi trovate in questi guerrieri, che vi hanno ammesso al loro rango?

Maltesi, credete alle parole, che il governo francese v'indirizza per mio organo. Voi siete liberi per lui, per lui voi diverrete felici. La prosperità come la vostra indipendenza saranno un' opera sola.

E quali timori potranno ancora restare nell' anima la più diffidente?

Comparate la vostra presente situazione allo stato vostro passato.

Orgogliosi despoti vi comandavano, vi opprimevano senza ritenutezza, e senza pudore. Bisognava per poter aver parte al governo, essere nato sul continente, bisognava essere straniero per avere del potere. Tremare, ed ubbidire! Ecco tutto ciò che vi era permesso. Il libero uso delle vostre piazze pubbliche vi era interdetto, ed i vostri despoti insolenti punivano il pacifico cittadino, che ora va a calcare lo stesso pavimento su del quale essi portavano la loro scioperata vanità.

Volevate voi superare i mali, e cercare altrove un governo meno oppressivo? In guerra con tutti quei che vi circondavano, i vostri padroni avevano fatto della vostra isola una prigione, e voi non potevate sortirne senza cadere in una nuova schiavitù.

Convinti che l' ignoranza è l' appoggio del dispotismo, essi avevanvi ricusato ogni mezzo d' istruzione: la cognizione delle arti le più utili vi era interdetta.

Finalmente, cittadini senza patria, abitanti di un porto senza commercio, membri di una società senza garanzia, di una nazione senza alleati, la tirannia s' impadroniva di voi sin dalla culla, e non vi abbandonava che alla tomba oscura, dove l'orgoglio vi relegava, quando la morte vi toglieva dal suo potere.

Vedete oggi gli uomini disegnati alla pubblica stima, e chiamati dalla Francia per essere capi della vostra gran famiglia.

Essi sono quasi tutti nati nella vostra patria. Sono eglino vostri amici, vostri eguali. L'autorità stessa che essi esercitano non è che un deposito, che rimetteranno ben tosto in altrui mano, affinchè il lungo uso del potere non ne porti l'abuso.

Questa piazza, questi baluardi, questi porti, dove la natura pare invitare l'industria, sono divenuti la proprietà comune di tutti, ed i cittadini eguali non hanno altri modi, che quei che c' impone l'interesse generale della società.

Il commercio d' ora innanzi vivificherà i vostri porti già da lungo tempo deserti.

Deposito necessario di tutte le importazioni dell' Affrica, e dell'Asia, le navi di tutt' i popoli copriranno i vostri mari.

La Francia vi manderà le arti perfezionate, e raddoppierà le vostre ricchezze agricole colla sua industria manifatturiera.

Delle scuole in tutt' i generi saranno aperte, e nelle vostre città, e nelle vostre campagne. Finalmente voi potrete sviluppare i vostri proprj pensieri, ed arricchirvi de' pensieri altrui.

Tutte le nazioni, che vi circondano saranno in pace con voi. I vostri padri, i vostri figli, i vostri fratelli sono già per rientrare ne' vostri focolari, e restituiti per sempre alla vostra tenerezza: voi non temerete più per loro alcun genere di schiavitù.

La Francia recandovi la libertà, vi dà l'Europa intera, per alleata.

Una sola nazione, se non m' inganno, un sol governo è ancora il nemico della Francia, ed il vostro.

Il gabinetto di Londra cospira contro la pace, e l' umanità.

Ma riposatevi sopra i guerrieri francesi, della cura di sommettere, di punire, e di abbassare l' orgoglio dell' Inghilterra.

Ella farà ben tosto conoscere, che la vittoria è fedele ai Francesi in ambidue gli elementi.

Indarno i suoi vascelli faticheranno col loro peso i mari che vi circondano. I soldati non oseranno toccare il suolo della vostra isola, o se essi vi si mostreranno, vi troveranno come in Ostenda, il disonore, e la morte.

Giuriamo tutti insieme sotto questa bandiera oramai comune. Giuratelo Maltesi, che il vostro territorio serva di prigione, o di tomba a tutti gl' Inglesi, che oseranno approdare.

E voi soldati francesi giuratelo con i vostri nuovi fratelli.

Non dimenticate, che Bonaparte vi ha lasciato al posto di onore, sotto a capi, che la sua confidenza ha scelto tra il fiore de' generali vincitori dell' Europa. Bonaparte l' ha voluto. Malta sarà il deposito della sua gloria. Soldati dell' armata, custodite questo augusto deposito, e mostratevene degni.

Onorate il nome francese nei luoghi oggidì pacifici, come l'avete onorato sul campo di battaglia, e sottomessi alle leggi, ed alla disciplina nella città, come voi bravate il nemico nella battaglia, l' universo apprenda, che il soldato francese non fa, che cambiar di gloria.

Conservate lo scettro del Mediterraneo strappato per sempre dalle mani deboli, e vili, che non potevano più sostenerlo. Conservatelo, per farne bentosto uno de' rami del fascio dipartimentale alla republica francese.

Francesi, siate guerrieri, ma cittadini. Date l' esempio delle virtù civili, come avete offerto il modello delle virtù militari, e fate, che si dica un giorno delle armate della repubblica francese, che esse hanno procurato la libertà de' popoli colle loro conquiste, che eglino hanno acquistato la pace colle vittorie, ed assicurato la felicità colla giustizia.

Principali pezzi del Discorso del Presidente della Commissione Bosredon Ransijat.

Prima di questo avvenimento così felice, e memorabile, che vi ha restituiti ne' vostri dritti, la sorte vi aveva assoggettati ad un governo altrettanto bizzarro nelle sue forme, che ridicolo nel suo oggetto, che riuniva ne' suoi capi il potere il più assoluto, e ne'suoi membri la più forte aristocrazia, da dove ne risultava, che voi gemevate sotto la più insopportabile schiavitù. A quali riguardi umilianti non dovevate assoggettarvi verso i vostri padroni, per moderare gli effetti del loro imperioso comando ?

E malgrado le precauzioni, che voi prendevate, e tutt' i sacrificj che voi facevate per piacere loro, quante volte voi non avete dovuto compiangervi ?

Per noi, o cari cittadini, per noi che siamo stati incaricati di organizzare il saggio, e nuovo governo, che Bonaparte vi ha dato, siate convinti, che penetrati, come noi lo siamo, dell' importanza delle nostre funzioni, noi faremo tutt' i nostri sforzi, per rispondere alla confidenza, che ci ha manifestato un eroe filosofo, secondando alla meglio, che ci sarà possibile, le sue intenzioni, che, non ne dubitate punto, non hanno altro oggetto che di rendervi felici, e noi osiamo lusingarci, che il nostro zelo, ajutato dai talenti superiori del Commissario del Governo, ci farà pervenire a questo gran fine, verso il quale per altro, continuamente ci dirigeranno i voti del nostro core.

Sì, popolo Maltese, vedendo il vostro destino unito a quello della Francia, a qual entusiasmo non dovete voi abbandonarvi, considerando principalmente che voi avete acquistato tante sì belle prerogative, senza provare nessuna di quelle disgrazie, che sogliono quasi sempre accompagnare la rivoluzione nei paesi dove si è fatta !

Noi siamo principalmente tenuti di questo sommo vantaggio ai sentimenti generosi de' nostri bravi liberatori. Impegnamoci a testimoniar loro la nostra più viva riconoscenza, particolarmente a questo degno depositario dell' autorità di Bonaparte, che si occupa con tanta sollecitudine, ed efficacia de' mezzi, onde assicurare la vostra tranquillità, la vostra felicità !

DISCORSO

DELLA COMMISSIONE DI GOVERNO.

Cittadini, per noi è giunto alla fine il momento di essere onorati coll'augusto nome di uomini liberi.

L' invincibile Bonaparte lo volle, e questo già si è fatto. La sua presenza bastò per costernare, e far fuggire i vostri tiranni, e per liberarvi dal giogo assurdo, ed oppressivo della triplice giurisdizione sotto la quale voi gemevate.

Nei pochi giorni che questo generoso vincitore rimase fra di voi, non si è occupato, cittadini, che de' mezzi di assicurare la vostra libertà, la vostra felicità, e quella de' vostri figli, scegliendo così nella sua armata, che fra i vostri concittadini, i capi, ed i magistrati, che egli credette i più proprj, per eseguire questo doppio, ed importante oggetto. Accordate a costoro la vostra confidenza, riposatevi con intera sicurezza sulla buona armonia, che regna fra di loro : tutt' i loro momenti saranno consecrati a voi. Bonaparte nel momento della sua partenza vedeva in voi un popolo degno di essere unito alla gran nazione, e di partecipare dei vantaggj, che devono risultare dall' ingrandimento della republica francese.

Celebrate oggi con trasporto la festa della libertà, mostrate all' armata francese la vostra gratitudine per l' eroe che tante volte la condusse alla vittoria, sia il suo nome in bocca di tutti, e resti sempre impresso ne' vostri cuori. Voi proprietarj, e negozianti, che conoscete i bisogni di quei concittadini che vivono colle loro fatiche, aprite loro i vostri lavori, accordate loro dei soccorsi in questo giorno di allegrezza, fate sì che ciascuno di essi s' applaudisca del regno della libertà, e sia a parte della pubblica gioja.

E voi, o ministri del culto, benefattori per dovere, e per carattere, servitevi delle vostre cognizioni, e del credito che avete sul popolo, per eccitarlo all' amor del travaglio, ma sopra tutto, per elevare il suo spirito all' altezza delle attuali circostanze. Facendogli amare la libertà, spogliarsi de' suoi pregiudizj, ed illuminandolo sopra i doveri sociali, riuscirete a rendervi utili, ed otterrete la stima dei capi militari, e del governo.

Questo bel giorno in cui si pianterà l'albero della libertà, faccia dell'armata francese, e dei maltesi un popolo di fratelli. Si veggano vicendevolmente abbracciarsi, congratularsi, rallegrarsi della felicità così considerata di formare una sola nazione, e di essere divenuti, sotto il governo paterno della republica francese, di una stessa famiglia.

Le canzonette patriottiche così care all'armata, i canti della libertà, che fecero del popolo francese un popolo di eroi, rimbombino in tutte le piazze, ed in tutte le case maltesi. Evviva la libertà. Evviva per sempre la republica francese.

Dopo la recita dell'ultimo discorso si lessero diversi componimenti poetici, analoghi alla giornata, e si distribuì fra il popolo un'allocuzione allusiva alle vittorie dell'armata francese, ed al di lei ingresso in queste isole. Il corteggio ricondusse indi il generale, ed il commissario di governo alle loro rispettive abitazioni, e le truppe, tutte giulive, e con musica, marciarono verso i loro quartieri. La giornata terminò con una pubblica festa di ballo, e con una illuminazione per tutta la città.

Le diverse autorità, intente sempre ai progetti di riforma, ripigliarono un'altra volta le loro operazioni. Pubblicarono esse infatti alcune disposizioni riguardanti il cotone, la filatura, e la gran fontana, ed ordinarono di porsi i nomi alle strade delle quattro città, e della campagna. La direzione fu affidata ai membri delle municipalità dei distretti, i quali divennero l'oggetto del disprezzo del basso popolo, e corsero molti pericoli. Pochi di quelli ancora, che dalla Valletta uscirono poi in campagna nel tempo del blocco, vittime rimasero del furore rivoluzionario.

Alli tanti fin allora emanati ordini, il governo, che aveva incominciato a non curarsi delle voci straniere, che volevano dimostrare l'imperfezione del suo adottato piano, pubblicò un altro, col quale distrusse il sistema allor vigente dell'università de' grani, e propose alcuni articoli per la vendita dei dominj nazionali, ai quali la commissione unì il seguente avviso.

AVVISO

Sopra i Conventi di Malta.

Il generale in capo Bonaparte ha ordinato, che non restasse nell'Isola, che un sol convento di ciascun ordine.

Questa determinazione è stata eseguita. I conventi sono stati divisi fra le tre città di Malta, Città Vecchia, e Gozo. Tutte le domande che in questa occasione hanno fatto i religiosi, e che potevano conciliarsi coll' esecuzione delle intenzioni del generale in capo, sono state accolte. Le religiose dell' ordine di S. Benedetto hanno domandato dalla municipalità dell' ovest l' antico convento degli Agostiniani, e l' hanno ottenuto. Alcuni malevoli avevano cercato di esacerbare gli spiriti, ma l' ascendente della verità ha imposto alla calunnia, ed i Maltesi sanno bene, che il governo francese rispetterà la libertà del culto Cattolico, ed i Maltesi conosceranno facilmente, che il chiudere alcune chiese inutili non è toccare la religione.

Eglino applaudiranno ancor di più queste misure, quando sapranno, che le soppressioni ordinate dal generale in capo torneranno in vantaggio de' poveri.

Eglino l'applaudiranno, quando sapranno, che si tratta di supplire al *deficit* che lasciò l' ex gran maestro, il quale non contento di contrarre debiti verso i particolari, spogliò pure i pubblici stabilimenti.

Eglino applaudiranno, quando vedranno, che le povere figlie del conservatorio del vescovo, racchiuse sin oggi in un' oscura, e malsana prigione con delle ammalate, e delle donne sospette pei loro costumi, anderanno ad occupare uno de' conventi soppressi, divenuto l' asilo dell' innocenza, e della disgrazia, dove esse riceveranno quell' istruzione, che si è loro finora ricusata.

In generale i Maltesi si diffideranno degl' interessati suggerimenti di alcuni individui, che non applaudiscono al nuovo sistema di libertà, che solo pell' impotenza di rovesciarlo.

Il governo li veglierà con esattezza; già sono noti i loro maneggi. Egli non li cura perchè è abbastanza forte per disprezzarli, ma se andassero troppo avanti, egli sarà abbastanza giusto per punirli.

Il governo, in seguito di questo avviso, senza riflettere, che l'impadronirsi della proprietà degli individui, o dei corpi è un infrangere i principj più sacri della giustizia, e che non vi è necessità che possa legittimare l'ingiustizia, niun vantaggio per lo stato, che possa compensare una violenza della fede pubblica; sotto aspetto di sollevare il povero, come si disse, e di supplire al *deficit*, che aveva lasciato il Gran Maestro in tutt' i pubblici stabilimenti; si appropriò tutti gli argenti, e damaschi delle chiese degli ordini religiosi soppressi, i loro beni, conventi, e tempj ancora, de' quali fu indi proposta la vendita in subasta, ad eccezione del convento e della chiesa della Maddalena, le quali furono destinate per ospedale de' Maltesi invece dell'antico, che dai Francesi si occupò per ospedale militare.

La soppressione degli ordini religiosi, l'applicazione de' loro beni ai bisogni del governo, e le susseguenti forti imposizioni sulla classe de' ricchi, cagionarono generale allarme, ed universale dispiacimento.

Andavano in conseguenza di giorno in giorno propagandosi i sentimenti esaltati, che agitavano la capitale, e tutto il popolo si era dichiarato apertamente contrario ai violenti oltraggj, ed alle aggressioni sopra la proprietà della Chiesa.

Si videro, frattanto, i primi passi i più arditi del disprezzo, e della disubbidienza. Molti levarono la coccarda, e diverse satire contro alcuni ufficiali del governo adornarono i muri della città Valletta.

Il rumore costante del popolo mise il governo in apprensione, e per sedarlo prese la misura del terrore. Malgrado la dimostrazione del risentimento del governo, e la pubblicazione del prossimo avviso, i più arditi, ed i più intraprendenti non si ritirarono, nè si spaventarono.

AVVISO

Contro le Satire comparse.

Alcuni uomini, vili quanto la calunnia, hanno impiegato le loro ore oziose a far dei cartelli contro qualche depositario dell'autorità.

Francesi, Maltesi, dispregiate questi oscuri rettili, che distillano il loro veleno nell'ombra, e nelle tenebre.

L'uomo libero, che crede avere un dritto a querelarsi, appoggiato sulla legge che lo protegge, sulla sua coscienza che lo guida, alza la voce, ed ottiene giustizia; quello che scrive, e non mette la sua sottoscrizione imprime il suggello della menzogna nella sua opera, e quello del disonore nella sua persona.

Gli abitanti del Gozo, in quel frattempo, estremamente bramosi di godere qualche influenza nel governo ugualmente che i Maltesi, e di poter commerciare colle estere nazioni indipendentemente da Malta, presentarono, nel dì 20 Luglio 1798, alla municipalità di quell' isola un ricorso pel governo, sottoscritto dall' arciprete D. Saverio Cassar. Il ricorso fu accolto, ma non fu presa la minima disposizione in loro favore.

Nel corso di quelle generali convulsioni arrivarono i rapporti della disfatta dell'armata francese in Alessandria. La notizia si sparse in Malta immantinente. A quella si aggiunse ancora, che Malta sarebbe stata bloccata dall'armata Inglese sotto il comando dell'ammiraglio Lord Nelson, da cui quella fu battuta. La circostanza accrebbe allora l'arditezza popolare: ognuno previde la vicina caduta dei Francesi, e la credeva immancabile, e tutt' i Maltesi sperarono di vedere messo un fine alle loro sciagure. La condotta degli abitanti offese grandemente il governo. I clamori frattanto erano pressanti, e gli attruppamenti molti, e frequenti. Convenne al governo allora, per far ismentire le disgustose vociferazioni, e reprimere il disordine, di diriggersi al popolo con il seguente avviso.

AVVISO.

Gli aristocratici che prendono i loro desiderj sulle loro speranze, e le loro speranze per realtà, hanno sparso, che Malta era bloccata dagli Inglesi, che la squadra francese era da essi perseguitata. Niente di più falso. Tutte le notizie annunciano, che Bonaparte era già in Alessandria : gl'Inglesi non hanno osato inseguirlo. Vi ha nel Mediterraneo una sola squadra Inglese, che manca di viveri, e non ha nemmeno un soldato per far uno sbarco, nemmeno gli equipaggj compiti. Malta non ha niente da temere. La flotta Inglese non può mai arrestare le speronare, e le barche dei viveri. Il genio della libertà, il genio della republica, il genio di Bonaparte vegliano sopra Malta. Che i suoi abitanti li secondino, che i negozianti lavorino, che gli assicuratori ardiscano, che gli uomini pacifici riposino, che i malevoli si tacciano, e che i soli scellerati temano.

Dopo breve riposo, le diverse autorità, che volevano migliorare la sorte dei Maltesi, ripresero l'esecuzione del loro piano di governo. Abolirono esse in fatti tutti gli stabilimenti dello spedale nazionale, ed altri ordinarono, di doversi adottare, migliori: ed il commissario di governo incaricò per sua lettera la più lusinghevole alla commissione di governo d'invitare i negozianti, per nominare i giudici del nuovo tribunale di commercio, e pubblicò i suoi regolamenti in seguito. La commissione allora emanò un proclama a norma degli ordini ricevuti.

PROCLAMA.

La Commissione di Governo a tutti i Negozianti Maltesi nella città di Malta, gli 11 *Thermidor anno* 6 *della Republica Francese,* 29 *Luglio* 1798.

Un giorno felice spunta per voi, cittadini; voi vi radunerete per godere il più bel dritto de' popoli liberi, quello cioè, di scegliere i vostri proprj giudici. Negozianti maltesi rendetevi degni di sì bella prerogativa. Leggete attentamente la lettera che vi ha scritto su questo particolare il commissario di governo francese, e la prudente deliberazione dalla quale è accompagnata. La commissione intimamente persuasa dei grandi principj che si contengono in questa lettera, non si crede permesso di aggiungervi cosa alcuna. Ma v' invita a radunarvi tutti li 18 Thermidor (5 Agosto venturo) in una delle sale dell'ex-albergo di Francia, alle ore dieci di mattino, per procedere alla suddetta elezione dei cinque giudici, che devono comporre il tribunale consolare di Malta.

Il presidente della commissione,

RANSIJAT.

REGOLAMENTI

Pel Tribunale di Commercio.

IL COMMISSARIO DEL GOVERNO FRANCESE.

Essendo stati esibiti i regolamenti relativi alla marina, che si osservavano in questo porto, ed avendo considerato essere indispensabile di mantenere parecchie disposizioni, ed aggiungere delle nuove, desiderando di stabilire in una maniera certa, ciocchè una lunga esperienza mostrò necessario pel vantaggio della republica, della nazione, e del commercio, dopo di aver conferito coll'ordinatore di marina;

STABILISCE

1. Il tribunale stabilito in queste isole sotto il titolo di Consolato di Mare, è soppresso.

2. Sarà formato un tribunale di commercio sotto il nome di tribunale consolare. Questo tribunale sarà composto di cinque giudici, ed un attuario.

3. Questo tribunale sarà nominato in una radunanza generale dei negozianti delle due municipalità, nella quale assisteranno, per diriggere solamente le operazioni, il commissario di governo, il presidente della commissione, ed i presidenti delle due municipalità. Quest' adunanza sarà convocata nel dì 18 di questo mese (5 Agosto) ed avrà un'istruzione sul modo della nomina dei giudici.

4. I giudici stessi nomineranno il loro attuario.

5. Regoleranno tutte le differenze, tutti gli affari di mare in quello, che concerne la costruzione, gli attrezzi, fornimenti, provvisioni, equipaggio, vendita, ed aggiudicazione dei bastimenti, le prede fatte in mare, gli avanzi di naufragj, i naufragj, incagliamenti, gettiti, contribuzioni, avarie, e danni accaduti ai bastimenti, ed alle merci.

6. Decideranno tutte le cause civili, che avranno relazione col commercio, e colla navigazione, tutti gli affari tra negozianti per vendite, compre, sicurtà, chirografi, cambiali, ecc.

7. Nei loro giudicj si conformeranno alle leggi, ed ai regolamenti della republica.

8. Questi giudici invece dell'appello alla cassazione, saranno soggetti alla revisione di un consiglio composto dall'ordinatore della marina, che ne farà il rapporto, dal generale di divisione, e dal commissario di governo.

9. I quattro cittadini che avranno più suffragj dopo de' cinque giudici, saranno i supplenti.

10. Le misure di polizia che erano attribuite al consolato di mare, saranno adempite da un capitano di porto. Questo ufficiale avrà sotto i suoi ordini due altri ufficiali col titolo di luogotenenti.

11. Gli si rimetteranno delle istruzioni alle quali si uniformerà per l'esecuzione del servizio che gli si è affidato. Queste saranno dirette dall'ordinatore della marina, approvate dal generale di divisione, e dal commissario di governo.

12. Il capitano di porto, ed i suoi luogotenenti saranno obbligati ad uniformarsi alle decisioni del burò di sanità, e di farle rispettare, sotto pena di destituzione.

13. Costoro devono prevenire il doganiere, i suoi agenti, della partenza, e dell'arrivo dei bastimenti, e non ne lascieranno partire, o scaricare alcuno di essi senza l'autorizzazione in iscritto del doganiere, sotto la pena di essere responsabili dei dritti non percepiti.

14. I ruoli di equipaggio de' bastimenti nazionali saranno spediti dal commissario della marina incaricato di scrivere i marinari.

15. Il capitano di porto spedirà l'ordine di partire, che attualmente si spedisce dal Consolato di Mare sotto il titolo di passaporto, ed ivi saranno notati i nomi del capitano, o padrone, della gente dell'equipaggio, e de' passeggieri, senza pregiudizio del ruolo di equipaggio menzionato nell' articolo precedente.

16. Si farà un regolamento per la recezione, e l'esame degli ufficiali de' bastimenti mercantili, di cui presentemente era incaricato il consolato di mare.

A Malta, 10 Thermidor anno 6 della republica francese, 28 Luglio 1798.

(Sottoscritto) REGNAUD DE ST JEAN D'ANGELY.

Nel giorno 5 Agosto furono eletti dal corpo de' negozianti giudici consolari, i cittadini, Gregorio Mattei, Giovanni Caruana, Pubblio Ellul, Maria Antonio Muscat, ed un Francese.

DISCORSO

DEL COMMISSARIO DEL GOVERNO

Recitato nel giorno dell'istallazione del Tribunale Consolare, in Malta il dì 1 Fructidor anno 6 della Republica Francese, 18 *Agosto* 1798.

Il genio del commercio, ed il genio dell'agricoltura sono i benefattori delle nazioni. La loro alleanza assicura al povero il lavoro che sostenta la sua famiglia, e porge al ricco i mezzi di espiare il suo lusso colla beneficenza. Essa avvicina i popoli che sono divisi dal mare, ed anche quei, che divennero nemici per la guerra.

Ma le permute del coltivatore col negoziante non sono sempre esenti dalle frodi, e dalle ingiustizie.

Ma le relazioni commerciali de' popoli offrono spesso difficoltà da risolversi.

Ma la navigazione che protegge la pace, non meno di quella che permette pure la guerra, produce questioni da giudicarsi.

L' agricoltore ed il mercante, l'armatore ed il capitano, il costruttore ed il lavorante, il popolo del mezzo giorno che manda al nord le sue preziose merci, il popolo del settentrione che trasporta al sud le alberature, e le pelli, veggono spesse volte la discordia sospendere, ed impedire l'esecuzione de' loro contratti.

Il tribunale del consolato è quella autorità protettrice, che assicura a ciascun individuo, del pari che a ciascun popolo il possesso della sua proprietà.

Esso esamina le pretensioni del lavorante, modera l'avidità del manifatturiere, arresta l'ingordigia del corsale, reprime l'ingiustizia dell'armatore, impone alla cupidigia de' governi, e pondera con parzialità i dritti dei cittadini, e delle nazioni.

Cittadini rendetevi degni dell' elezione onorifica, e popolare, di cui foste l'oggetto, e delle funzioni che furono a voi commesse.

Rendetevi degni della fiducia del governo che accolse con applauso la vostra elezione.

Siate ministri di beneficenza, e di pace, ascoltate, proteggete il povero : perseguitate, e punite la mala fede.

Stendete la mano pietosa a sostenere l'uomo debole : alzate il braccio inesorabile ad opprimere l'uomo ingiusto.

Purificate il commercio dai traffichi vergognosi, ed illeciti che potrebbero oscurarne la gloria.

Il nome di negoziante divenga per voi in Malta un titolo onorifico, il più onorifico dopo quello di cittadino di un popolo libero.

Adempiendo il vostro dovere con zelo, e con esattezza, allorquando sarà giunto il termine della vostra facoltà, la stima pubblica conserverà per voi quella, che assicura l'esercizio della giustizia, e della probità.

Sarete allora gli arbitri volontarj delle differenze de' vostri concittadini, e raccoglierete l' onore di vedere l' iniquità, che voi avrete perseguitata come magistrati, o scossa dal terrore, o vinta dal rispetto, sparir di nuovo, e celarsi alla vista delle virtù del cittadino.

Aveva il governo ideato allora di stabilire in Malta un giornale politico, i vantaggi, e l'utilità del quale furono pubblicati per mezzo del seguente manifesto.

MANIFESTO

Riguardante il nuovo Giornale di Malta.

REPUBLICA FRANCESE.

Maltesi eravate schiavi, siete divenuti liberi. In un giorno avete vedute rompere le vostre catene, avete veduta atterrata l'aristocrazia monastica vestita alla militare, questo mostro figlio del dispotismo, e della superstizione, che per più secoli si era nudrito delle vostre sostanze, e del vostro sangue. Voi avete riacquistata in un giorno l' esistenza, che avevate perduta. Già il pavighone tricolore sventola ne' vostri mari, e nei vostri porti. La vostra piccola marina è incorporata alla marina della gran nazione. La vostra isola fa parte della Francia vittoriosa, e trionfante di tutte le armate coalizzate d'Europa. Le vostre relazioni mercantili si estenderanno come le vostre relazioni politiche. Avete dunque bisogno di comunicare colle altre nazioni, e di sapere ciò, che si tratta presso loro, ma molto più vi conviene istruirvi delle grandi operazioni, che fa la Francia per istabilire, e vieppiù rassodare il regno della giustizia, della libertà, e dell'eguaglianza. Tali vantaggj non possono esservi procurati, che da un giornale politico: questa sorta di scritti proibiti nei governi arbitri dove conviene tenere il popolo nell'ignoranza, e nell'abbrutimento, hanno in tutte le republiche smascherato l'impostura, e l'aristocrazia, nemiche irreconciliabili della libertà. Allora possono essere smentite quelle false voci, che spargono la discordia, il terrore, e l'allarme, e che cagionano delle triste conseguenze al commercio, ed agli affari pubblici, non meno che ai privati. Con un tale scopo si è pensato dare alla luce un giornale, che avrà per titolo *Malta Libera.*

Sarà questo un foglio che uscirà ogni settimana, e conterrà

1. Alcuni principj, e massime di politica, e morale republicana, che hanno servito di guida ai popoli liberi.

2. L'estratto dei decreti, e delle leggi che si fanno da questo governo.

3. Tutte le notizie estere, che si possono avere, e principalmente quelle della Francia, come pure tutte le notizie interessanti dell'isola, e del porto di Malta, e tutt'altro, che potrà riuscire piacevole, ed utile ai lettori.

Il giornale di Malta incominciò con grande impegno, ebbe però piccola durata. Egli arrivò fino al numero 10, e finì allo scoppio della rivoluzione della campagna.

Ben presto, e dopo pochi giorni alla menzionata nomina dei giudici consolari e loro possesso, furono fissati dal commissario di governo i giorni per l'installamento dei giudici di pace, dei tribunali civile, e criminale, e pubblicate le istruzioni, e costumi di esse corti.

ISTRUZIONI

Per i Giudici di Pace.

1. I giudici di pace sono muniti di un potere, che ha rapporto al civile, ed alla criminale.

2. Nel civile essi esaminano tutte le cause personali, e di mobili, cioè a dire quelle, in cui non si tratta nè dello stato delle persone, nè della proprietà, ed ipoteca sopra fondi.

3. Essi giudicano sovranamente sino a lire 100, ma appellabilmente quelle cause al di sopra di lire 100.

4. Essi giudicano inappellabilmente, e sovranamente per qualunque somma siasi le cause dei salarj di servidori, paghe e mercedi di operai, onorarj di gente di foro, medici, etc.

5. Essi pigliano il consenso dei parenti per la nomina di tutori, e curatori, matrimonj di minori, emancipazione, interdizione per prodigalità, e demenza.

6. Essi giudicano sino a lire 100 sovranamente, ed inappellabilmente di tutte le cause pelle dimande di alimenti dei figli contro il padre, o l' avo, la madre, o l' ava, e reciprocamente degli ascendenti contro i discendenti.

7. Nella criminale, essi sono incaricati di far arrestare, ed interrogare i malfattori, e tutti quei, che turbano l' ordine pubblico, e rimandarli coi processi innanzi al tribunale.

8. Essi possono punire i delinquenti per forma di polizia colla prigione pello spazio di 15 giorni tutt' al più, coll' ammenda di lire 24 tutt' al più, applicabile al fisco in tutto.

9. Essi faranno gli accessi su i cadaveri colle formalità usate, e formano il processo verbale, che mandano al tribunale criminale.

10. I loro uscieri possono arrestare, e ricercare la manforte dalle truppe di linea, e nazionali, sotto pena della prigione, a prestar loro assistenza.

Nessun avvocato, od altra persona di foro potrà scrivere le cause innanzi i giudici di pace, solo le parti devono compurire, e difendere i loro affari.

ISTRUZIONI

Per il Tribunale Civile.

1. Egli conosce in prima istanza, e per appello in ultimo ricorso tutte le cause civili di qualunque natura siano.

2. Egli è obbligato di rimandare innanzi ai giudici di pace quelle cause, che sono di pertinenza di costoro, quando mai fossero pervenute innanzi a lui.

3. Egli non può giudicare con meno di tre giudici.

4. Egli si conforma provvisionalmente alle leggi del paese.

5. Egli registra i decreti del governo francese, che vi fanno eccezione. Egli vi si conforma ne' suoi giudizj, e li manda ai giudici perchè faccino lo stesso.

6. Egli non riceve ordini che pella pronta spedizione degli affari, e nessun' autorità civile, o militare, potrà influire sulle sue decisioni.

7. Egli è tenuto di non ritardare la sentenza del processo, e di vegliare affinchè i difensori, agenti di legge, non prendessero, che le spese necessarie.

ISTRUZIONI

Per il Tribunale Criminale.

1. L'accusatore pubblico riceve direttamente, e per mezzo dei giudici di pace la cognizione degli affari, o delitti, che sono di sua cognizione.

2. Egli compilerà il processo nella forma usata, e secondo le leggi.

3. L'istruzione si fa dal presidente del tribunale.

4. I quattro giudici del tribunale civile assistono ai giudizj d'istruzione, e definitivi, che sono pronunciati.

5. In caso di assenza, o di malattia, uno degli anziani avvocati rimpiazzerà la mancanza.

6. La commissione del governo designerà a quest' effetto quattro giudici supplenti.

7. Proferite le sentenze, si eseguiscono, come per lo passato.

8. Le leggi antiche sono provvisoriamente eseguite in tutto ciò, che non è stato derogato per decreto de' generali, o commissarj della repubblica francese.

9. Il dritto di asilo è abolito, ed il delinquente può essere arrestato anche sopra le chiese.

COSTUMI DEI TRIBUNALI.

I giudici civili, e criminali avranno abito intero nero, mantello nero, cappello ripiegato con tre pennacchj tricolori. I giudici civili porteranno un occhio d' argento sul petto, appeso ad un nastro tricolore. I giudici criminali, e l' esecutore pubblico, una scure d' argento.

I giudici di pace saranno vestiti di nero, e porteranno sul petto un ramo d'olivo, di argento, sospeso da un nastro tricolore.

Gli attuarj dei tribunali saranno come i giudici, ma con penna nera in cappello. Gli uscieri dei tribunali saranno vestiti di nero, cintura rossa bordata di blù, e bianco, con una bacchetta nera in mano.

Il commissario di governo volendo onorare l'eminente dignità de' giudici, pensò di loro dare egli stesso il possesso. Arrivato il giorno destinato partì dal palazzo, alle ore dieci di mattino, per la casa della giustizia, chiamata altrevolte Castellania, accompagnato da tutt' i giudici, membri della commissione di governo, dalle municipalità, e da tutti gli ufficiali delle corti. Là giunto si assise nel suo posto nella gran sala, corteggiato da tutti di sua comitiva, e recitò con molta energia un suo discorso, terminato il quale, si conferì in suo palazzo collo stesso treno con cui si era colà portato.

DISCORSO

Fatto ai Giudici nel giorno del loro possesso dal Commissario del Governo.

Cittadini giudici,

La distribuzione della giustizia è un debito della società verso gl' individui che la compongono.

E voi, che la confidenza della republica francese inspirata da quella dei vostri concittadini chiama all'onore di adempire questo sacro dovere, siate gloriosi di riceverlo, e siate gelosi di mostrarvene degni.

Per qualche tempo ancora voi non sarete che gli organi delle leggi antiche del vostro paese scevre, mediante qualche decreto del governo francese, dai principj della feudalità, e dell'aristocrazia.

Istruendovi nella legislazione francese, preparate il momento in cui i Maltesi goderanno de' suoi beneficj.

La parola dispotismo sembrava di servir di suggello alle vostre antiche decisioni: esse non erano che il vostro parere fino al momento in cui il tiranno pigmeo, che vi opprimeva, le rendeva giudicj.

Che la parola libertà sia adesso la prima che vi si legga: che il popolo maltese pervenga ai tribunali con libertà: che i magistrati vi pensino con libertà: che essi vi preferiscano con libertà: che la libertà presieda all'esecuzione de' loro giudizj.

Voi non dovete avere in Malta altri superiori che la legge. Questa e la vostra coscienza: ecco le vostre guide.

Non vi si potrà nessun'altra cosa ordinare che di essere giusti, niente altro prescrivervisi che di essere vigilanti, altra cosa imporvisi che di essere attivi.

La raccomandazione della potenza, e del credito non devono trovare accesso presso di voi. Il potere giudiziario è indipendente da altri. Rispettandoli come cittadino, il giudice non teme cosa alcuna come magistrato, amenocchè, lasciando estinguere il sacro fuoco, che egli deve alimentare, profanando il suo ministero con una prevaricazione, egli non si sia reso colpevole.

Allora la giustizia leva la sua benda, ed impugna il suo gladio per riconoscere, e colpire l'indegno ministro, che ha macchiato la purità del suo culto.

Allora il governo denuncia, e la legge punisce. Ma lungi da noi un' ipotesi sulla quale la stima pubblica, che vi ha designato, assicura che il governo non avrà mai occasione di fermarsi.

Egli non avrà, io mi compiaccio a presagirlo, che a disegnare i vostri nomi alla riconoscenza pubblica.

E grazie ai lumi, che la Francia è per ispargere, allo zelo che voi svilupperete, alla concordia che ne sarà il risultato, Malta sarà difesa, protetta, rassicurata pell'augusta lega delle divinità tutelari degli uomini liberi,—la vittoria, la giustizia, e la pace.

Il governo, non sazio fin allora delle pubblicate dispiacevoli leggi, pareva che render volesse ancora interamente scontenti i Maltesi, col decreto qui sotto riportato.

COMMISSIONE DI GOVERNO.

Sessione delli 12 Thermidor anno 6, li 30 Luglio 1798.

Il commissario di governo francese avendo rimesso alla commissione di governo un suo decreto richiedendo, che fosse trascritto nel verbale della sessione del giorno, si è aderito alla sua domanda, ed il decreto è stato registrato come siegue.

IL COMMISSARIO DEL GOVERNO FRANCESE.

Visto l'ordine del generale in capite, che il vescovo di Malta non abbia che una polizia sopra gli ecclesiastici;

Che tutte le procedure relative al matrimonio saranno della competenza della giustizia civile, e criminale;

Che niun principe straniero potrà avere alcuna influenza nell'amministrazione della religione, nè in quella della giustizia;

E per conseguenza niun ecclesiastico, od abitante, potrà ricorrere al Papa, nè ad alcun metropolitano;

STABILISCE,

1. Gli atti concernenti lo stato civile, cioè la nascita, il matrimonio, e la morte degl' individui saranno provvisoriamente ricevuti dai parrochi.

2. I loro registri saranno notati, e controsegnati per pubblicati dai giudici di ciascuna municipalità.

3. Ogni anno uno di questi registri sarà posto nella cancelleria del tribunale civile.

4. Ogni atto di nascita o di morte, ogni atto di celebrazione di matrimonio non notato nei registri, sarà nullo in quanto agli effetti civili, ed agli occhi della legge.

5. Niuno potrà prevalersi, nè delle disposizioni del Concilio di Trento, nè di alcuna legge ecclesiastica, per dichiarare valido nei tribunali alcun matrimonio celebrato innanzi a qualunque sacerdote, che non sia il proprio parroco di uno dei congiunti, dopo tre

pubblicazioni a tre decadi di distanza, e del consenso de' padri, e delle madri, tutori, o curatori, quando i conjugi non sono liberi di disporre della loro persona secondo la legge.

6. Non si ammetterà alcuna prova di testimonj, o di altra specie, per supplire gli atti, che esige la presente deliberazione.

7. Questa sarà rimessa alla commissione del governo, da essa ai parrochi, al vescovo, ai tribunali, per essere trascritta nei loro registri, pubblicata, registrata, ed eseguita.

Malta, 12 Thermidor anno 6 della republica francese.

(Sottoscritto) Regnaud de St Jean d'Angely.

Cotale ordinazione in fatti cagionò un' inquietudine generale, e tutto il popolo pose in un' angustia acerbissima. Il governo allora credette necessario espediente, di pubblicare il seguente proclama, sperando di ottenere con quello la calma, e di porre un termine alle sommosse popolari, giacchè colle minacce, e col terrore non gli era riuscito di spaventare alcuno.

PROCLAMA.

LIBERTA' DEL CULTO CATTOLICO.

Bonaparte ha promesso al popolo maltese di fargli godere il libero esercizio della religione cattolica.

Sappiate Maltesi, che egli non ha mai promesso cosa in vano. Sappiate che l' esecuzione de' suoi ordini non è un dovere tanto premuroso, quanto l' adempimento delle sue promesse.

Maltesi da senno allontanate da voi dei timori, che fanno ingiuria ai Francesi.

Vedete le vostre chiese aperte, le vostre cerimonie religiose rispettate, i ministri del vostro culto protetti. Vedete la vera pietà, la carità ben guidata: la beneficenza cristiana ricevere dai capi francesi l' omaggio, che l' uomo sensibile e giusto deve alla virtù.

Ma vi dicono, con buona fede, alcuni uomini che s'ingannano, ma vi ripetono con malignità alcuni uomini che vogliono farvi traviare : Si ha soppresso la giurisdizione ecclesiastica.

Sì, una tale inutile giurisdizione più non esiste. Un uomo che avea ricevuto la semplice tonsura, divenuto per questo solo privilegiato, non può più distrarvi dai vostri giudici naturali. I giudici non saranno d'ora innanzi, che padri di famiglia illuminati che proferiranno sopra il vostro stato, e quello de' vostri figli.

Il tribunale dell' inquisizione non deciderà più delle vostre fortune; ed il credito, o la potenza, non vi costringerà di andare lungi dai mari, che bagnano le vostre sponde, per mendicare il giudizio di un funesto appello.

Un sol tribunale libero, indipendente, giusto, che ha dell'interesse ad esserlo, per essere mantenuto dalla stima pubblica, giudicherà le vostre cause, arbitrerà le vostre liti secondo l' equità delle leggi, che raggiungeranno tutti i cittadini eguali a'suoi occhi, come a quelli dell' Eterno.

Che ha di comune la libertà del culto, con questa potenza civile, il di cui abuso ne ha spesso fatto vedere il pericolo? Maltesi, adorate in pace la Divinità, rispettando l' autorità che protegge il vostro culto. È alle loro virtù religiose, e non alla loro potenza temporale, che voi dovete riconoscere i suoi veri ministri. Eglino sono umili come gli Apostoli, che scrivono, *che il Regno del loro Maestro, non è di questo mondo*, e non si mostreranno mai orgogliosi come i principi dei paesi, il di cui tribunale rivalizza con il pretorio.

Maltesi, unite a queste verità, che i vostri pastori non potranno negare, alcune verità politiche importanti a conoscersi.

Considerate che la libertà, che voi avete acquistata, domanda delle leggi protettrici di tutti i cittadini, delle leggi che non siano esclusive per una classe particolare.

Non si potrebbe, senza ledere i dritti de' Francesi vostri liberatori, dei popoli amici, che il commercio chiamerà nelle vostre città, lasciar sussistere dei privilegj per sempre annientati.

Ma quantunque la legge civile non contenga tale, o tal' altra massima religiosa, essa protegge quello che la professa.

Essa non ordina, essa non permette nè anco il ricorso ad un principe straniero, al Papa, cioè a dire, essa non riconosce il bisogno di un tal ricorso come atto pubblico. Ma essa ne lascia la libertà, come atto privato.

No Maltesi, la legge non s'interpone fra le vostre coscienze, e le vostre azioni. Essa rispetta le vostre idee religiose, le vostre misure domestiche, come voi dovete rispettare le sue pubbliche decisioni, i suoi solenni oracoli.

Le leggi della religione cattolica non esistono che per quei, che la professano: che essi le osservino. Essi ne hanno il dritto, e religiosamente se ne conserverà loro la libertà.

Ma le leggi civili, che i Francesi vogliono darvi, devono essere per tutti i popoli. Essi altro mai non proibiranno che l'intolleranza, la persecuzione, il delitto. Esse non vi ordineranno altra cosa, che la beneficenza, l' equità, la virtù.

Esse vi permetteranno sempre di godere della vostra libertà per onorare l'Eterno con il culto che voi professate.

Il vostro primo pastore, il vostro vescovo, i vostri parrocchi saranno onorati, e protetti.

Le chiese dove eglino vi riuniscono, dove eglino vi istruiscono, sono per i Francesi de' luoghi sacri in nome della legge, come sono sacri per voi in nome della religione.

Tutte le proprietà delle vostre parrocchie saranno conservate, e difese, se ancor ne facesse il bisogno.

Non credete dunque, che sia attaccata la religione, perche si è fatta qualche soppressione di conventi, di fondazioni, di corporazioni, di stabilimenti accessorj. Tali soppressioni l' autorità civile l'ha sempre fatta senza riclamo, dai Templari sino agli Antoniani, dai Gesuiti fino alli Camaldoli.

E voi primo pastore di un popolo buono, ma facile ad essere ingannato, usate del primo de' vostri diritti, adempiendo il primo de' vostri doveri.

Calmate i timori dell'uomo semplice, illuminandolo. Dirigetene lo zelo perchè non divenga fanatico. Contenetelo perchè non sia intollerante, fate tacere l' aristocrazia, se parlasse in nome della religione, strappate all' ipocrisia la maschera della pietà, di cui sovente si copre. Spargete sulla vostra greggia i lumi, e la pace. Essa verserà su di voi la benedizione, e l' amore.

I depositarj dell' autorità pubblica vi coroneranno di stima, e di rispetto.

Poco tempo dopo a questo proclama, il governo ricevè la conferma della sconsolante notizia della disfatta dell' intera armata in Levante. Giunsero nel porto un vascello, ed una fregata, le quali rapportarono che 16 vascelli inglesi incendiarono tutta la flotta di Bonaparte. Quell'informazione costernò grandemente i Francesi, e si videro sfortunati appieno. Non fu sospesa ciò nondimeno la cerimonia dell' albero nella città Vittoriosa, allor fissata per li 10 Agosto. La piazza di S. Lorenzo era destinata per la funzione. Il generale Vaubois, il commissario di governo, ed il presidente della municipalità dell' est, cittadino Bertis Maltese, indirizzarono al popolo un loro discorso.

DISCORSO

Del Generale di Divisione Vaubois.

Dovete essere impazienti, o cittadini, di vedere inalzarsi nella vostra città questo segno della felicità pubblica, questo sacro albero che vi annuncia la restituzione de' vostri dritti.

E qual' epoca mai più memorabile si poteva scegliere per sì augusta cerimonia? Oggi è l' anniversario di uno de' più grandi avvenimenti della rivoluzione francese. In questo giorno appunto, l'ultimo despota de' Francesi, mettendo il colmo ai suoi delitti, seducendo le sue guardie straniere, aveva organizzato la carnificina del popolo, e de' suoi legislatori: ma il genio della libertà, che è sempre vigilante, scoprì la rea brama; fu data la battaglia, ed una compita vittoria coronò gli sforzi de' patriotti. La distruzione del trono fu la conseguenza di questa rivoluzione. Grazie sieno rese ai campioni, che rovesciando un trono dove sedevano i delitti, hanno preparato coll' effusione del loro sangue, la nascita della nostra invincibile republica. Qual' energia non deve eccitare ne' nostri cuori la memoria di un giorno sì grande? Popolo della città dell' est abbi presente questo, e tanti altri fatti della rivoluzione: riguarda questi giorni sacri, di cui tu non hai partecipato i pericoli, come sorgenti della tua felicità.

Colla tua fedeltà, coll' ubbidienza alle leggi provvisorie dell'eroe cittadino, che ti ha riunito alla gran nazione, mostra di sentire tutta l' importanza del felice destino, che ti si prepara.

Gli agenti civili, e militari, che egli ti ha lasciati, penetrati dalle sue benefiche intenzioni, sieguono strettamente le sue savie intenzioni.

Occupati continuamente del bene pubblico, fra poco te ne faranno sentire gli effetti.

Ma per quanto sian disposti i capi delle autorità costituite a far il bene, e soccorrere gl' infelici, altrettanto saranno inflessibili contro i nemici del governo ed i perturbatori della pubblica tranquillità.

Popolo docile e laborioso, non prestare orecchio ai cattivi suggerimenti, e cammina con passo fermo nel sentiero, che ti si mostra dalla legge. Gloria, e protezione ai buoni cittadini, guai ad ogni nemico della republica, chiunque esso si sia.

Evviva la Republica!

DISCORSO

Del Commissario del Governo Francese.

La rivoluzione francese conta molti anni, ed ogni anno è un secolo per la storia. I fatti dell' interno sono affollati, e le vittorie delle nostre armi si disputano le epoche, ed i giorni.

Quindi l'istituzione delle feste republicane che ricordano a' nostri cittadini, ai nostri guerrieri, i trionfi degli uomini liberi sopra gli schiavi, i trionfi delle virtù sopra la scelleratezza.

Deh! Queste auguste solennità non siano mai vane, e sterili cerimonie.

Prendiamo cura, cittadini, di non profanare queste sacre commemorazioni con un' empietà, e con una tiepidezza politica.

Abbia sempre la nostra unione un oggetto utile, uno scopo importante, un effetto vantaggioso.

Francesi radunati innanzi la statua della libertà, niun cuore corrotto prostituisca in secreto il suo omaggio alla licenza di lei rivale, e nemica.

Maltesi, non ardete avanti all' idolo di Baal l' incenzo riservato pel gran Dio d' Israello.

Indipendenza dal dispotismo non è indipendenza dalla legge, la religione non è fanatismo, la sommissione all' autorità non è servitù, la vera pietà è ben lontana dall' intolleranza

Siate dunque, o soldati francesi, sommessi ai vostri capi, non annuvolate lo splendore delle vostre vittorie, non oscurate coll' indisciplinatezza la gloria de' vostri trionfi.

E voi chiamati all' onore di comandare in tutt' i gradi a queste legioni coperte di ferite, e di allori, nel riposo momentaneo che godete, procurate di versare di nuovo la gloria sul vostro paese, sopra i vostri generali, sopra di voi stessi.

Siate i vincitori delle pianure di Canne, e non già la guarnigione effemminata di Capua.

Pensate che Bonaparte sta per ritornare co' vostri compagni, e che voi dovete conservare i vostri nomi senza macchia, degni di essere posti gloriosamente accanto a quei dei vincitori dell' Egitto.

Istitutori Maltesi nella scienza della libertà, di cui avete loro accordato il godimento, impedite che questo abbia per essi il suo delirio, ed i suoi errori.

Dirigeteli, e non li fate mai traviare: sarete responsabili al vostro paese dei delitti loro, e del vostro, ed i vostri capi dovranno punirvi.

E voi Maltesi, che poco anzi gemevate sotto i tiranni, imparate a rispettare il governo nel quale vivete liberi sotto la legge.

Unitevi, per far tacere quelle grida abbominevoli, quelle declamazioni miserabili, per iscoprire gli autori di quei libelli incendiarj, disprezzabili, e disprezzati, quando attaccano un individuo, colpevoli, quando minacciano la potestà che protegge l'ordine sociale.

Non ascoltate coloro, che vi rappresentano i Francesi armati contro la religione, e rovescianti i vostri altari.

Ecco i vostri altari salvi, e la vostra religione professata liberamente da voi, e rispettata diligentemente dai republicani.

Offerite all'Eterno liberamente, e senza timore, i sacrificj che voi credete degni di lui. Il vostro culto è sacro per me del pari, che la vostra fede.

Ma non vi dimenticate, che per l'uomo religioso non meno che per l'uomo sociale la beneficenza è il primo dovere, è la prima virtù.

Il cuore del povero, acceso di gratitudine e d'amore, sia l'ara rispettabile su di cui da voi s' accenda il fuoco de' vostri sacrificj.

Quest'ara sarà comune ai Francesi, ed a voi, ed uniti intorno agli altari della carità, animati dall'amore de' vostri fratelli, occupati nella felicità di tutti, grideremo insieme ricchi, poveri, soldati, e cittadini, sacerdoti, generali, Evviva la beneficenza, la libertà, l'eguaglianza, e la republica!

DISCORSO

Del Cittadino Bertis, Presidente della Municipalità dell' Est.

Popolo Maltese, è già la seconda volta che la grande nazione francese vi dà un sicuro pegno di sua fraternità, e riunione a voi. È già la seconda volta che l'emblema di libertà si pianta in questa fortunata isola.

E perchè dunque uno spirito torbido e maligno cerca inquietare la vostra pace, il vostro riposo ? E perchè il fanatismo, e la superstizione hanno ancora luogo ne' vostri cuori ?

Forse il vostro culto non è libero ? Le vostre chiese, i ministri, le cerimonie, non rispettate ? Le vostre proprietà non sicure ? I vostri dritti lesi ? V' ingannate di troppo, tutte le autorità costituite per organo del generale in capo, e del commissario del governo, sono continuamente impiegate a conservarle, e difendervele; e la stessa forza armata è pronta, se il bisogno lo richiede.

De' spiriti maligni, contrarj alla vostra libertà, inimici giurati della vostra felicità, con aria di compassione cercano di strapparvi dal cuore quella gioja, che dovrebbe brillare ne' vostri animi.

Schiavi per due cento e sessant' anni, abbandonati sempre al dispotismo, ed alla tirannia, colmi di pregiudicj, credete forse delirare nel vedervi liberi ? Sì lo siete, e lo siete stati da quel punto medesimo, che l'eroe Bonaparte fortunatamente comparve in quest' isola, accompagnato da' suoi magnanimi campioni, il dì 9 Giugno passato, lo siete per sempre, se sempre fedeli sarete alla repubblica francese. Guai a colui, che giura il falso, e che si fida della candidezza de' popoli liberi.

La giustizia è una, è costante, è ferma, è dolce, ed è severa.

Persuadetevi Maltesi, che non l' interesse, non il piacere di conquista, ha condotto fortunatamente a noi i Francesi ; la sola gloria di vedervi liberi, di piantarvi il terribile paviglione tricolore, che già quasi per l' universo trionfa, il vantaggio di rendere Malta il punto centrale delle ricchezze d' Europa.

La sola malvagità, l' intrigo, la perfidia, il turpe maneggio del gabinetto di Londra, è quello solo, che fa la guerra all' umanità, è quello che si vede da tutti odiare, e respingere, se mai ardisse turbare la nostra quiete, e la nostra contentezza.

E voi, o bravi repubblicani francesi, che meglio sapete apprezzare la libertà, perchè acquistata col braccio, e col petto, compatite i vostri fratelli maltesi, addestrateli nelle vere massime patriottiche. Francesi, assicuratevi che vi amano da fratelli, e che il loro esterno brusco non corrisponde alla candidezza del loro interno. Sono pronti ad unirsi a voi, perchè conoscono bene, che siete gli stessi : conoscono bene le vostre buone idee. Sono persuasi dei vantaggj, e del bene che loro avete apportato con renderli liberi.

Maltesi, hanno voluto, in questo glorioso giorno, i Francesi darvi un segno del loro reciproco amore, giorno che sarà memorabile per tutt' i secoli, giorno di gioja, e di riconoscenza, giorno finalmente, in cui tutti, pieni di spirito repubblicano, dobbiamo gridare, Evviva la republica francese! Evviva la libertà! Evviva l' eroe Bonaparte, che la libertà donò al popolo Maltese! Evviva!

Colla pubblicazione dell' ultimo proclama aveva sperato il governo di assicurare la pubblica tranquillità. Ciò sarebbe forse avvenuto, se altri ordini, di natura la più disgustosa, non si fossero promulgati in seguito, i quali accrebbero in vece le doglianze di tutti, ed accesero l' universale indignazione.

COMMISSIONE DI GOVERNO.

Sessione delli 2 *Fructidor*, 19 *Agosto* 1798.

Il commissario di governo ordina a tutt' i procuratori dei legati pii, delle confraternità, e dei beneficj, di consegnare alla persona già destinata le loro procure, lo stato de' loro beni, e rendite, in tempo di otto giorni, sotto pena, in caso di disubbidienza, di una multa pecuniaria proporzionata alla loro rendita, e di carcerazione.

(Sottoscritto) Regnaud de St Jean d'Angely.

COMMISSIONE DEL GOVERNO FRANCESE.

Sessione delli 7 *Fructidor*, 24 *Agosto* 1798.

IL COMMISSARIO DI GOVERNO

Considerando, che le determinazioni provvisorie prese per assicurare lo stato civile dei cittadini, che lascia ai curati delle differenti parrocchie di Malta, il dritto di farne la prova, può presentare delle difficoltà per coloro, che non professano la religione di cui i curati sono i ministri;

Che ciò non ostante, qualunque siano le opinioni religiose di un individuo, deve egli godere della pienezza de' suoi dritti di cittadino, che la legge gli garantisce;

Che la legge francese la quale permette i principj religiosi in tutt' i culti, non riconosce però alcun voto religioso, e lascia a ciascuno la libertà di operare secondo la sua coscienza conformandosi alla legge;

Che gli agenti del governo francese devono sforzarsi perchè tutti gl' individui residenti in Malta, di qualunque culto, e di qualunque opinione che essi siano, godano della beneficenza di questa libertà, e qualunque sia stato prima il loro stato, professione, paese, abitazione;

ORDINA

1. Tutti gli individui Francesi, Maltesi, e forastieri, i quali non vorranno ricorrere alli curati delle parrocchie per gli atti dello stato civile, si diriggeranno alle municipalità.

2. A quest' effetto sarà aperto un triplice registro, numerato e diviso in colonne, firmato dal presidente a ciascuna pagina, in cui saranno notati i matrimonj, le nascite, e le morti.

3. Per ammettere i cittadini al contratto matrimoniale sarà necessario :

Primo, Che gli sposi abbiano il consenso del loro padre, madre, o del loro tutore, se sono minori;

Secondo, Che la loro reciproca promessa di matrimonio sia stata affissa alla porta del luogo di seduta della municipalità della loro reciproca residenza, durante otto giorni. Se l' uno e l' altra saranno maggiori, non hanno bisogno di riportare il consentimento di alcuno.

4. Per provare la nascita non vi sarà bisogno che della presenza di due testimonj dell' uno e dell' altro sesso, e della dichiarazione del professore, o della levatrice, che avranno assistito al parto, i quali non possono ritardare di presentare il bambino più di 24 ore, sotto pena di non poter più esercitare le loro funzioni, di pagare una somma pecuniaria, ed anche della carcerazione.

5. Per provare le morti, i parenti, amici, o vicini del defunto, subito dopo la morte, anderanno a fare la loro dichiarazione alla municipalità. Un ufficiale municipale sarà tenuto andare ad assicurare personalmente la realtà del fatto.

L' atterramento non potrà farsi che in capo di 24 ore. Due testimonj parenti, amici, o vicini sottoscriveranno il notamento della morte con l' ufficiale municipale.

6. Il luogo della sepoltura, di già esistente in ciascuna municipalità, sarà comune a tutt' i culti.

7. I registri per i matrimonj, nascite, e morti, saranno tenuti duplicati, ed alla fine di ogni anno si depositeranno uno dal presidente della municipalità, e l'altro dalli parrochi, presso il cancelliere del tribunale civile.

8. Le municipalità caveranno gli estratti dalli registri a coloro che li dimanderanno, e nessun giudice, od individuo, potrà rifiutare di riconoscerli, per provare lo stato dei cittadini sotto pena dell'esilio.

(Sottoscritto) REGNAUD DE ST JEAN D'ANGELY.

I Francesi convinti appieno, in conseguenza delle avute notizie, dello sgraziato avvenimento sulla loro armata, ed informati ancora del manifestato contento dei Maltesi per l' intera, ed imprevista fatta perdita, giudicarono inutile di negare più oltre la sofferta di-

M

sgrazia. Il governo pertanto comunicò al pubblico, con un proclama, la tragica scena di così grande importanza, e la sorte felice dei soldati maltesi, in non essere alcuno di loro perito in quella terribile sventura.

Il commissario di governo fortemente colpito dall'imbarazzo in cui lo avea posto la dolorosa circostanza, prevedendo, che l'armata Inglese avrebbe bloccata quest'isola, progettò al generale Vaubois di fare spedire per la Sicilia i tre vascelli che avevano in porto, e le due fregate con truppe, per prendere dai magazzini di Girgenti, frumenti, e dalla Vittoria, vini, bestiami, ed altre derrate necessarie per lo mantenimento dell'isola. Quel piano però non fu ammesso dal consiglio di guerra, avendolo considerato un motivo sufficiente di una rottura tra la republica francese, e la corte di Napoli.

Mentre il governo andava perdendo giornalmente la confidenza della nazione, e le adottate misure andavano eccitando il malcontento generale; inconsideratamente, a guisa di un pazzo che ardisce scherzare con un leone di già irritato, fissò negli ultimi giorni di Agosto, il dì 2 Settembre entrante, per la subasta delle chiese, e conventi degli ordini religiosi soppressi, esistenti nella città vecchia.

Il popolo, che aveva sin allora con molto disdegno sofferto il generale rovescio di tutto l'antico sistema di governo, l'eccessivo spoglio de' suoi privilegj, e delle immunità le più preziose, il peso delle imposizioni senza misura, i notabili vizj della riforma, e degli usi, che avevano i Francesi creduto necessario introdurre, ed il potere assoluto e dispotico, non potendo riguardare con indifferenza la Chiesa ancora più oltre perseguitata, ed i suoi dritti usurpati; senza considerazione, senza mezzi, e guida, solo fidati nel braccio potente del grande Iddio, nel giorno della tentata menzionata vendita, coraggiosamente prese le armi contro i Francesi, risoluto di sacrificare la vita stessa per la religione, e per la patria aventurata.

FINE DELLA PRIMA PARTE.

GIORNALE

DELLA

PRESA DI MALTA E GOZO,

DALLA

REPUBLICA FRANCESE,

E DELLA

SUSSEGUENTE RIVOLUZIONE DELLA CAMPAGNA.

PARTE SECONDA.

Rivoluzione della Campagna.

LA giornata dei 2 Settembre 1798, destinata dal governo per la vendita delle chiese, e conventi, degli ordini religiosi soppressi della Città Vecchia, eccitò in Malta un interesse generale, e manifestò negli abitanti un vivo desiderio di vedere la nazione prendere le armi contro i Francesi.

Il governo, in quel giorno appuntato, fece spedire dalla Valletta per la Città Vecchia i suoi deputati per l'effetto sopra menzionato, e per ispogliare ancora la chiesa del Carmine, di quella città, de' suoi belli damaschi.

Molti degli abitanti del Rabato della Città Vecchia si radunarono nelle vicinanze di quelle chiese in uno stato di disperazione, nel mentre che i deputati del governo colà arrivarono per eseguire l'incarico loro affidato.

La prima operazione di quelli fu la subasta degli stabili de' Minori Osservanti, la quale però non ebbe la sua effettuazione.

Quel passo ardito, ed imprudente di tale natura suscitò un' agitazione generale tralla grande massa di uomini, che si erano uniti in bisbiglio innanzi quella chiesa, ed avevano tutti deciso di positivamente attaccare i deputati, e di scacciarli vilmente dal paese.

Questi però si avvidero a tempo del fermento. Tutti allora tentarono i mezzi di allontanarsi dalla moltitudine infuriata. Uscirono da una porta secreta della chiesa destramente, e si diressero per il Carmine, sperando di non trovare colà resistenza alcuna.

Furono quelli però ingannati. Accorti appena i radunati contadini della loro direzione, niente perdendo del loro ardore, si posero ad inseguirli frettolosi.

Altri, al loro arrivo, avevano già incominciato una sorda zuffa, e quegli allora e questi, animati gli uni dagli altri, misero mano sopra gli uomini che distaccavano gli apparati dalle mura della chiesa, suonarono le campane a martello, ed espulsero fuori i deputati a viva forza, i quali a stento salvarono la vita.

Il popolo allora, contento di aver impedito l'esecuzione dell'ardito attentato, mediante la sua influenza impiegata in tempo utile, uscì dalla città attruppato, ma piuttosto in calma, e la guarnigione di quella città, composta in tutto di 65 individui, che si era messa sulle armi alla comparsa del tumulto, si ritirò nel suo quartiere, e tutto prometteva perfetta quiete.

Ma una folla immensa di uomini dei due villaggj vicini Zebbug, e Siggeui, che furono avvisati dell'avvenimento, essendo tosto accorsa nel Rabato della Città Vecchia, pose in apprensione il comandante di quella città, Masson, e lo spinse a farsi vedere fra loro colla sciabola in mano, in compagnia del tenente, e di un sergente, per sedare i movimenti, ed i partiti.

Quell' atto di somma imprudenza ebbe tristo fine. Due ragazzi nelle vicinanze della chiesa di S. Paolo fuori le mura, scagliarono, in mezzo al folto popolo, contro di lui poche pietre. Il comandante, più inconsiderato che prima, si mostrò offeso, e volle difendersi.

Egli ebbe a lottare con uomini risoluti, ed arditi. Il terrore che volle inspirare, fece nascere in loro il coraggio della disperazione. Essi nell'eccesso della loro esaltazione, obliarono ogni rispetto, e qualunque pericolo, imitarono l'esempio de' ragazzi, e lo perseguitarono a morte. In mezzo a quella confusione, il comandante si rifugiò in casa del Notaro Pietro Antonio Bezzina, della quale la porta era allora aperta.

In vano egli però tentò di sottrarsi dal pericolo. Impedito così il popolo di vendicarsi di lui, unito come era, forzò la porta, la ruppe, e qual cane arrabbiato si avventò contro di lui. Colpito dallo spavento il comandante, ricorse all'umiliazione. Spezzò in loro presenza la sua sciabola, e supplichevole loro dimandò di lasciargli la vita. Ciò non fu bastante. Il popolo, fermo nella sua risoluzione, esitò di sentirlo. Lo prese per le mani furiosamente, e vivo lo buttò giù dal balcone. Il tenente ed il sergente, compagni del comandante, furono sorpresi ed uccisi per istrada.

La guarnigione frattanto intese la notizia della sua morte. Chiuse, senza ritardo, le porte della città, diresse i cannoni regolarmente per la campagna, e cominciò le operazioni militari contro il Rabato principalmente, centro dell'unione popolare. I contadini ciò nondimeno accorsero tosto sotto le mura, circondarono la città, e senza mezzi di difesa, ma con molto poche fucilate, arditamente tentarono d'impedire le manovre dei Francesi su i bastioni.

Fin allora si era agito inconsideratamente. Molti però riflettendo sulla loro sorte, compresero essere la non meditata impresa ineseguibile, ed il pericolo di un orribile massacro indubitato. La vista di quello spettacolo, e lo stato degl' insurgenti senza armi, e senza appoggio, produsse nell' animo loro grande costernazione. La cooperazione però di alcuni fu utile e salutare. Furono spediti corrieri per tutta la campagna frettolosamente coll'annuncio della rivoluzione, nominarono comandante il Notaro Emmanuele Vitale. Migliaja di abitanti della campagna inondarono in breve spazio di tempo il Rabato della Notabile, ed altri confusamente formarono guardie nazionali, e si ripartirono nei posti pericolosi.

Il Notaro Saverio Zarb, del villaggio Attard, s' impadronì tosto della piccola armeria della Villa di Sant' Antonio, fornì molti di quel casale di armi, e polvere, e spedì pochi di quelli nella strada di S. Giuseppe, unitamente ad altri, che si erano a loro uniti, dei villaggi vicini Birchircara, e Lia, per affrontare l'inimico, alla meglio che si poteva, in caso di qualche sortità.

Quella misura fu bastantemente vantaggiosa. Arrestarono alcuni ufficiali francesi, che dalla campagna correvano per la Valletta, con rapporti pel governo, e due soldati colla risposta del generale Vaubois spedita al comandante della Città Vecchia, a cui quegli aveva rapportato il caso della mattina, e domandato pronto soccorso.

Conteneva la risposta del generale quanto siegue. "Per questa sera sofferenza. Placate il popolo come si può, anche colle lusinghe, e domani, che è Lunedì, avrete il soccorso di sei cento soldati; che allora prenderete ogni soddisfazione del popolo."

La lettera fu portata senza indugio al comandante Vitale nella Città Vecchia, e da quello si lesse al popolo con molta energia.

Si sentirono in Valletta, verso la sera di quello stesso giorno, le cannonate della Città Vecchia, ma il governo non potè distinguere da qual parte fossero quelle dirette: avea creduto al primo sentirle, che qualche nave dietro l'isola dimandasse soccorso. Dal ritorno di alcuni calessi dalla campagna seppe però, che il comandante della Città Vecchia fosse ucciso, la guarnigione assediata dai contadini, e la campagna in movimento. Tutta la città allora si mise in iscompiglio, ed i Francesi si diedero all'ultima disperazione. Temerono, che il germe della rivoluzione fosse seminato ancora fra i cittadini; che perciò distribuirono per la città delle pattuglie immediatamente, e diedero tutte le militari disposizioni.

In quel momento di così grande perturbazione, comparve innanzi palazzo un calesse, con il conduttore ferito in capo. Eranvi dentro i deputati del governo mandati la mattina nella Città Vecchia per vendere i beni de' conventi soppressi, e spogliare la chiesa del Carmine. Rapportarono quelli ciò, che loro era accaduto, e dissero, che dalle dieci della mattina sino al momento che loro riuscì di fuggire, erano rimasti nascosti in un sito molto distante dalla Città Vecchia, per salvare la vita.

Il governo così istruito confusamente della rivoluzione, bramò di sentirne più minutamente lo stato della campagna. Giunse in quel frattempo fortunatamente in Valletta il Notaro Giuseppe Bonavita: fu del suo ritorno avvertito il generale Vaubois, e quegli ebbe l'invito di trovarsi in palazzo alle ore otto di quella stessa sera. Ubbidì il Bonavita gli ordini del governo, e fu ricevuto in una sala, in cui vi trovò alcuni Maltesi, e molti ufficiali francesi. Un' ora circa dopo, comparve il generale di divisione, e gl' introdusse in altra sala, dove si diede principio al consiglio di guerra.

Tostocchè finirono di parlare della sentita rivoluzione, il generale Vaubois si rivolse a Bonavita, e così gli parlò : " Finora il governo conobbe, che in campagna fosse scoppiata una rivoluzione ; che il popolo infuriato avesse massacrato il comandante della Città Vecchia, e che tutti della campagna avessero giurato l'esterminio dei Francesi. Il governo però non ha conosciuto finora se i campagnuoli siano armati, se siano muniti di provvisioni di guerra, e se fra loro vi passi l'armonia del buon ordine. Voi potete in certo modo di ciò accertare il governo, dandogli ragguaglio di quello che avete sentito, ed osservato."

A tale discorso il Bonavita rispose : " Io mi trovai in campagna sin da questa mattina per vedere alcuni miei parenti. Verso le ore 12 sentimmo nel villaggio in cui era, chiamato Zebbug, grande bisbiglio di popolo, ed un improvviso grido comune, 'Non sarà mai, che i Francesi prendano gli argenti della nostra chiesa.' Tutte le campane allora della chiesa parrocchiale cominciarono a suonare in confuso, ed il popolo si mise in tumulto. Così come erano gli uomini in massa, tutti in una volta sparvero dal casale, e si diressero per la Città Vecchia. Poco tempo dopo la loro partenza cominciammo a sentire dalla parte di quella città alcune cannonate. Tutte le donne del casale ancora hanno, in quel momento di confusione, armato i tetti delle loro case di grosse pietre, per impedire il temuto saccheggio della loro chiesa. Verso le ore due, si sentì nel casale altro bisbiglio più grande del primo; ma io, che era di ritorno per la Valletta, non mi sono curato di cercarne la causa, anzi mi affrettai di uscire dal casale segretamente. Nel viaggio mi sono incontrato con molte bande di uomini armati, correndo per le strade disperatamente. Quest' è quello, cittadino generale, che ho sentito, ed ho veduto."

Udito quel rapporto, il consiglio determinò di far sortire in campagna, l'indimani mattino, più reggimenti per sedare la sommossa popolare. Il Bonavita però domandò il permesso di parlare. "Tutta (disse) sarà inutile, cittadino generale, questa presa determinazione. Contro un popolo sollevato non basteranno tutti i vostri soldati, tutte le vostre armi. I Maltesi sono risoluti, e come tali non temono la forza, la morte stessa."

Scosse pur troppo i membri del consiglio la risolutezza del Bonavita, e cambiarono d'idea.

Il popolo della campagna frattanto avvisato della rivoluzione, tutto prontamente si mise in allarme, e coraggioso giurò di combattere sino alla morte per la Chiesa, per la patria, e pe' suoi cari privilegj.

In quella stessa giornata di Domenica, i contadini si sforzarono sino alla stanchezza, in provvedersi di polvere e di armi, dalle private case, bruciarono gli stendardi nazionali che erano posti sulle porte maggiori delle chiese, ed occuparono tutte quasi le torri, e le fortezze del littorale.

Il secondo bisbiglio sopra menzionato dal Bonavita, seguito nel Zebbug, verso le ore due di Domenica, fu cagionato dal non aver voluto il cittadino Stanislao Lhoste, municipalista in quel distretto, consegnare al popolo le chiavi della piccola armeria, che in quel villaggio vi esisteva, di cui egli era il custode. Quegli di sua demenza ebbe severa punizione. Il popolo gli assaltò la casa, gli ruppe la porta, e dopo un lungo combattimento, cadde morto sotto i frequenti colpi della rabbia miseramente.

Cresciuta a dismisura, nella sera di quel giorno, la folla de' campagnuoli nel Rabato della Città Vecchia, si propose l'assalto della città, il quale non riuscì, per causa della notte oscura, e del gran fuoco che i Francesi fecero dai bastioni sopra i Maltesi, la maggior parte senza armi.

Nella mattina del giorno seguente, 3 Settembre, in cui la febbre rivoluzionaria era ancora in tutta la sua energia, fu spedito un distaccamento di uomini per unirsi ai tre cento soldati, che il Notaro Zarb di Casal Attard avea destinato per affrontare il rinforzo, che dalla Valletta fu promesso alla guarnigione della Città Vecchia, ed un ammasso di popolo attaccò confusamente quella città. Quel passo ardito dei campagnuoli eccitò nei Francesi generale rigore, e fece brillare in loro la spada del terrore, per mezzo del fuoco distruttore contro gl'insorgenti. I contadini però non solo non perderono il coraggio, ma in mezzo a quell'orrido spettacolo, niente curando il pericolo, si unirono tutti verso la porta maggiore della città, e tutta la guarnigione seppero colà tenere radunata destramente.

Alcuni di loro frattanto s'incamminarono solleciti verso la fontana della *Saccaja*, e di là, per sotto il bastione *Deredin*, dietro la Cattedrale. Quivi giunti senza più pericolo del cannone, si animarono gli uni gli altri, assalirono il bastione, ed entrarono nella mina, che conduce alla piccola piazza vicino alla sagrestia della Cattedrale. Passarono allora la porta della mina, che Costanzo Morga già loro avea disserrata dalla parte interna, ed entrarono felicemente nella città. Furono indi i contadini distribuiti in due plutoni, uno per la via del seminario, e l'altra per quella del monistero, tutti e due diretti alla volta della porta della città, per incontrare l' inimico.

La guarnigione francese, che era tutta intenta al generale attacco, accortasi del nemico, si trovò in una disfatta inaspettata. S' incontrarono i due partiti nella piccola piazza della porta maggiore della città, ed i Francesi così sorpresi, e perseguitati, si videro forzati di abbassare le armi, ed arrendersi. I Maltesi pertanto s'impadronirono della riserva, ed i Francesi consegnarono le chiavi della città a Paolo Xuereb, ed a Mario Galea, senza alcun contrasto. In quello stato di cose fortunato, un fatto d' armi sgraziatamente ebbe a succedere. Alcuni soldati francesi, nascosti sul parapetto della porta della città, traditoriamente fecero fuoco su i Maltesi, ed uccisero Mario Galea, Mario Cortis, e Giovanni Chercop. La stessa disgrazia ebbe a soffrire Mario Vella, che si era portato sul bastione per abbassare lo stendardo francese, il quale fu colpito da una fucilata tiratagli da un soldato, che si era occultato dietro una finestra del quartiere.

I Maltesi allora, adirati del tradimento, ripresero le armi, ed in poco tempo massacrarono i Francesi, ad eccezione della moglie del comandante morto, i quali tutti furono poi trasportati sopra carri nella contrada *Imtarfa*, e là abbruciati in massa. Aprirono indi le porte della città, ed il popolo perfettamente contento, e festoso della riportata vittoria, vi prese di quella possesso.

Le porte della Valletta frattanto furono chiuse in quel giorno, ed un distaccamento di due cento soldati sortì in soccorso della Città Vecchia. Arrivati i Francesi nelle vicinanze delle arcate della fontana, furono assaliti dai Maltesi, che dietro li muri dei terreni si erano in gran numero nascosti. I contadini in quella zuffa si difesero piuttosto cogli strumenti di agricoltura, e colle pietre che colle armi. I Francesi si confusero dall' intrigo dei muri di nostra campagna, e si ritirarono in Valletta, impossibilitati di fare regolari manovre militari, e di mettere in rotta i Maltesi, che dietro di quelli si nascondevano, e saltavano al bisogno con grande destrezza. In quel breve conflitto pochi uomini si perderono dall' una e l' altra parte. Tre ufficiali maltesi, Attard, Trigance, e Ferroni, del reggimento de' cacciatori, dalli quattro, che a testa di quella spedizione furono mandati dal generale, morirono ancora in quel combattimento.

Il governo, che avea fin allora riguardato i Maltesi come incapaci ad eseguire una rivoluzione, e facili ancora a spaventarsi alla vista di una forza armata, si sorprese grandemente al non pensato ritorno del distaccamento.

Conobbe egli in quella circostanza il coraggio dei contadini, e la loro destrezza nel tirare a colpo sicuro di pietra. Egli figurò ancora in loro competente forza, e si convinse della loro generale unione.

I Maltesi in quel primo attacco importante si mostrarono risoluti, ardenti, ed intrepidi. Assistiti dalla Mano Divina si regolarono con molta energia, e si liberarono dal nemico impensatamente.

In quella crisi di tal natura; i Francesi, temendo sempre più, che i principj rivoluzionarj dominassero nelle quattro città ancora, fecero chiudere tutt'i piccoli passaggj per la campagna, disarmarono i cittadini, e pubblicarono severe leggi militari.

Non ancor chiuse le porte della Cottonera, alcuni contadini dei villaggj vicini, nel giorno stesso di Lunedì 3 Settembre, entrarono in Burmola, ed attaccarono i Francesi coll'ajuto degli abitanti di quella città, ed avrebbero guadagnato quella piazza, se non fossero stati dispersi dal cannone del forte S. Michele della città Senglea. Ebbero quelli però il coraggio di torre dalla chiesa parrocchiale lo stendardo della republica, non senza effusione di sangue. Altri fra loro non meno valorosi che i primi, entrarono in una delle polveriste della Cottonera, e dopo forte dibattimento riuscì loro di trasportare per la campagna 80 barili di polvere.

I direttori frattanto della campagna diedero in quell' orribile tempesta molte disposizioni di difesa. Provvidero di uomini le torri, e le fortezze della marina in loro potere, e di quelle munizioni di guerra, di cui fin allora poterono disporre. Ordinarono un cordone per tutt' i posti vicini della Valletta, Cottonera, e del forte Manoel, ed il trasporto di cannoni da' più lontani luoghi dell'isola, per difendersi momentaneamente in caso di qualche sortita del nemico.

Una truppa di uomini turbati dallo spavento, e dalla disperazione, si unì verso la sera di quel giorno nella Città Vecchia, e fra lo strepito dei tamburi, e le grida confuse di un popolo sollevato, acclamò formalmente comandante le truppe il notaro Emmanuele Vitale, che il suo coraggio avea reso celebre fra loro. Fu così grande il trasporto popolare in suo favore, che egli fu portato sulle braccia sopra le scale della casa del canonico cantore Susano, posta innanzi l'antico ufficio giuratale di quella città, e mostrato al popolo, in mezzo agli applausi, ed i gridi di gioja.

Il furore degl' insorgenti disturbò il generale Vaubois sommamente, e lo indusse a loro dirigere una sua lettera, con cui prometteva ampio perdono a tutti quei, che avevano avuto parte nella rivoluzione, e perpetua amicizia ancora.

I contadini sentirono con disprezzo il contenuto della lettera, trattennero la deputazione porgitrice del foglio, ed immovibili nella loro risoluzione, determinarono di non dargli risposta.

Nella critica posizione, e frenesia popolare, in cui si trovava allora la campagna, molte persone distinte del paese saviamente proposero nel dì 4 Settembre l'unione di un'assemblea nazionale, per assicurare, per quanto si poteva, la riuscita dell'incominciata pur troppo pericolosa intrapresa, e per diriggere ancora il popolo, interamente destituto di valevoli appoggj in quei momenti vertiginosi.

La mozione fu accettata, molti talenti diversi si unirono nell'ufficio giuratale della Città Vecchia; là tutte diedero le necessarie disposizioni alla circostanza, e confermarono per acclamazione—generale comandante le truppe, il Notaro Emmanuele Vitale, e nominarono rappresentanti del popolo, il conte Salvatore Manduca, marchese Vincenzo de Piro, conte Ferdinando Teuma, e lo stesso Vitale, e tanti capi dei battaglioni, e provveditori, quanti sono i villaggj in Malta.

I rappresentanti del popolo tennero successivamente una seduta, in cui elessero segretario, Lorenzo Bugeja; capo dell'artiglieria, Modesto Sapiano; registratore degli ordini, Giuseppe Azzopardi; magazziniere e provveditore de' grani, Giuseppe Abela; ricevitori dei frumenti, Gaetano Vitale, e Pietro Paolo Bezzina; corriere dei campi, Alessio Xuereb; commissario ispettore le torri, Giuseppe Musci; distributori del pane, Paolo Galea, e Vincenzo Muscat.

Eglino in seguito scrissero lettere per tutte le coste della Sicilia, ragguaglianti la rivoluzione: determinarono d'informare Sua Maestà il Re delle Due Sicilie dell'avvenimento, e di pregarlo di soccorso: e mandarono in traccia della flotta Inglese, che era di ritorno da Alessandria, Luigi Briffa, e Francesco Farrugia, per impegnarla a bloccare il gran porto.

Fu quella fortunatamente incontrata nelle vicinanze di Siracusa. L'ammiraglio Lord Nelson accettò la preghiera cortesemente, e loro promise di avere fra breve il bramato ajuto. Egli, che non potè in quel momento fermarsi, per motivo de' guasti sofferti nella battaglia, distaccò tosto un cutter, per cercare l'armata Portoghese, che non era molto distante, e proporle la difesa del porto di Malta.

Nell'accennata assemblea nazionale, nessuna persona intervenne per il popolo del Zebbug, e Siggeui, perchè quegli avevano già scelto, dal primo momento della rivoluzione, a forza, e con minacce, per capo, e generale de' loro battaglioni, il canonico della Cattedrale D. Francesco Saverio Caruana. Eglino in seguito elessero per direttore del campo, Angelo Cilia, per suo assistente, Salvatore Bonanno; e per segretario del campo il Notaro Giuseppe Brignone.

Quei popoli, grandi in numero, e coraggiosi non meno, s'impadronirono della contrada di S. Giuseppe, luogo il più pericoloso, come vicino al nemico, e destinarono il palazzo di S. Giuseppe per residenza del loro generale. In un miglio distante dalla Valletta, e precisamente nella *Samra* vi piantarono due batterie dirette alla Porta Bombe, buttarono giù di notte tutti i muri dei terreni, dalla Porta Bombe sino l'ultima trincera, e dispersero le loro pietre lungo quella strada, onde impedire il passaggio de' cannoni del nemico in caso di sortite.

Il resto della forza generale della campagna fu regolarmente ripartita in quattro altri campi, in Coradino: nella contrada del Borg: dietro il Ricasoli dalla parte del Zabbar: e nell'*Harhar*. Questo ultimo campo, formato dagli abitanti di Birchircara, e dei casali vicini, era comandato da Vincenzo Borg, il quale dimostrò in quei tempi tutto lo zelo, e grande attività per la causa comune.

Ciascuno di quei campi fu garantito da una trincera. Furono quelle costrutte in una notte, e fornite di pochi cannoni portati dalle marine, e da' luoghi dell'isola i più lontani. Ogni campo aveva le sue guardie avanzate, le quali si davano, per mezzo di telegrafi, reciprocamente i necessarj avvisi. Nei casi di sortite, le guardie vive, poste su i campanili delle chiese parrocchiali dei villaggj, al comparire de' segni, facevano chiamare il soccorso, per mezzo delle campane.

Tutte quelle prese fin allora utili disposizioni, non potevano favorire interamente l'impresa. Vi mancarono le provvisioni, ed il contante, per mantenere migliaja di uomini sulle armi, nella maggior parte affatto indigenti. La generosità però de' possidenti rimediò, senza ritardo, al bisogno. Alcuni fecero larghe contribuzioni di provvisioni e danaro, ed altri somministrarono ingenti somme in imprestito.

La sentita, nell'isola del Gozo, decisiva sollevazione dei Maltesi, animò quegli abitanti, ugualmente dispiaciuti del governo francese, ad imitare il loro esempio. Eglino infatti presero le armi contro la guarnigione, e la confinarono dentro il Castello Sciambrè. La notizia pervenne in Malta la sera dello stesso giorno, per mezzo di una barca giunta nel porto di San Paolo, portante il rapporto ufficiale ai capi della campagna.

Il giorno 5 Settembre, Vitale, che era fin allora l'appoggio principale di tutta quasi la campagna, frà le tante misure, che avea prese in quella circostanza, pensò di visitare in persona tutte le batterie dell'interno, e commise a Lorenzo Bugeja il giro di tutte le torri del littorale. Il generale fu da tutti per tale riconosciuto. Il solo campo di S. Giuseppe si oppose, e negò di sottomettersi a lui, ma il direttore della guardia avanzata della *Samra*, Angelo Cilia, sebbene appartenesse a quel campo, credè necessaria convenienza di dargli gli onori militari dovuti al suo rango.

I rappresentanti del popolo, che aveano pensato di partecipare Sua Maestà Siciliana dell' insurrezione della campagna, e chiederle soccorso, estesero la seguente lettera, ed affidarono a Luigi Briffa, uomo di molta attività, l'importante incarico. Egli non perdè tempo alcuno, e nello stesso giorno partì per Napoli.

LETTERA

Scritta a Sua Maestà il Re delle Due Sicilie.

Sire,

Il popolo di Malta era omai ridotto all' estremo delle sue disgrazie. Umilmente prostrato ai piedi della Maestà Vostra le rappresenta, che non potendo egli più a lungo soffrire il tirannico dispotismo de' Francesi, dai quali trovasi per sua disavventura sin da quasi quattro mesi invasa l'isola, animato da un certo natural impeto, fece forza a se stesso, a fin di scuotere il suo troppo duro, e grave giogo, e nel brevissimo spazio di non più che di dieci sette ore gli riuscì d' impadronirsi dell' antica Città Notabile, e di tutte quante le torri della campagna. Non si può affatto immaginare l'impegno che or dimostrano i Maltesi di soggiogare la città capitale, insieme colle altre città adjacenti, le quali per essere ben munite, e fortificate, non senza qualche difficoltà si potranno assalire. A tal fine tutti i possidenti della campagna hanno già contribuito, e vanno tutt'ora contribuendo, delle provvisioni, e delle buone somme di danaro, per lo necessario sostentamento della povera gente destinata nei campi, per ovviare agl'insulti degli aggressori. Essendo questi più che mai duri, ed ostinati a cedere bonariamente la capitale, ed andarsene via, pare che la cosa voglia tirare troppo a lungo, e frattanto le provvisioni delle vettovaglie vanno sempre mancando per gli abitanti della campagna, quando i granarj della capitale sono per anco ben forniti. Quindi, siccome il danaro dell'università, quello de' banchi pubblici, e quello de' particolari ben possidenti, trovasi tutto rinchiuso dentro le città occupate dal nemico, e la campagna se ne trova del tutto priva: epperò, non potendo essa avere ulteriori sussidj dai rispettivi abitanti, i quali alla fine non sono troppo ricchi, già si vede sul punto di abbandonare l'impresa, e perire affatto di fame, qualor non si volesse prestare un opportuno provvedimento. Or non avendo i Maltesi un padre a cui ricorrere, nelle presenti loro calamitose circostanze, più amoroso, e tenero della Maestà Vostra; perciò con forte coraggio implorano essi il suo potentissimo patrocinio, supplicandola con tutto il loro potere di averne misericordia, e compassione, accordando loro facoltà di far portare dalla Sicilia, antica madre e provveditrice di Malta, le necessarie provvisioni di grano, e di tutto altro, a credenza, coll'obbligo di pagare tutto dopo avuta la vittoria. E perchè ancora manca di armi, polvere, ed altre munizioni necessarie per attaccare, occorrendo, il nemico dalla parte interna dell' isola, a misura del numero della gente, che si ha già pronta; si fa lecito di domandare alla stessa Maestà Vostra le già dette provvisioni di guerra. L' affetto particolare che ha sempre la Maestà Vostra, ed in molte circostanze assai meno urgenti della presente, dimostrato verso dell' isola, rende sicuri gli abitanti di essa, che dando la Maestà Vostra uno sguardo benigno, e cortese verso di loro, e considerandone attentamente il misero, e deplorabile stato, non sarà mai per negare loro l'implorata grazia, ora che eglino trovansi costretti a perire miseramente, senza poter proseguire l'intrapresa onorevole carica, affin di vedersi un giorno liberi da una nazione sì contraria non solo alla religione cristiana, che è il primo freno del governo, ma eziandio alla pubblica tranquillità. Ognuno sa, che tra i nobilissimi pregj, onde vien adorno l'animo di un sovrano il più singolare, e preciso, sia quello della provvidenza, massimamente in tempi calamitosi; questa dunque essendo l'oggetto delle più belle reali sue cure, non ha da dubitare punto il popolo maltese di ottenere tutto ciò, che egli ardentemente desidera dalla benigna mano della Maestà Vostra, il di cui glorioso nome per mille e mille titoli, e singolarmente per quello di benigno, e misericordioso, da per tutto, risuona e rimbomba. Iddio pertanto sia quello, che inspiri alla Maestà Vostra una pronta e risoluta volontà di esaudire i voti de' suoi cari figli, e sudditi maltesi, mentre essi unitamente co' loro posteri non cesseranno mai di predicare per sempre lo zelo, e la beneficenza del loro amato sovrano, siccome anche di pregare il signore Iddio per la lunga e felice conservazione della Maestà Vostra.

Malta 5 Settembre 1798.

Affezionatissimi ed Obbligatissimi sudditi,

Canonico D. Saverio Caruana.
Emmanuele Vitale.
Conte Salvatore Manduca.
Marchese Vincenzo de Piro.
Conte Ferdinando Teuma.

Ardenti molti contadini dei villaggi Zurico, Gudia, Axiac, e Zeitun, di soddisfare ogni specie di capriccio rivoluzionario, si avvicinarono tutti uniti nel giorno medesimo 5 Settembre alle porte della Cottonera, e tentarono alcuni arditi attacchi, i quali non essendo riusciti, pensarono di occupare la torre di San Tommaso. La presa loro direzione fu osservata dai Francesi della Cottonera, e di S. Elmo, e fecero spedire in tutta fretta molte lancie con soldati in soccorso di quella piccola guarnigione. I Maltesi arrivarono sotto le mura della torre prima delle lancie nemiche, incominciarono senza perdita di tempo il fuoco, uccisero molti soldati, e dopo poco tempo assaltarono le mura, con impetuosità piuttosto che colla disciplina militare, e bastanti mezzi, e costrinsero l'inimico ad abbandonare la fortezza con una fuga precipitosa. Impadronitisi della torre caricarono i cannoni, che i Francesi avevano scaricato contro di loro, e si posero in sicuro. Le lancie comparvero frattanto, ma troppo tardi. I campagnuoli allora non si fecero vedere prima che quelle fossero arrivate sotto il tiro del cannone. Eglino accolsero a tempo il contrario soccorso, e l'obbligarono a ritirarsi, stordito dalla sorpresa impensata.

Dal principio della rivoluzione, i Francesi non poterono comprendere come un popolo così piccolo, indisciplinato nelle armi, e sprovveduto di mezzi, potesse assediarli, e confinarli entro una città con tanta fermezza. Eglino pertanto vedevano mal volentieri gli effetti del suo coraggio, e soffrivano con isdegno ancora la sua ferma risoluzione di effettuare l'incominciata guerra, in vece d' impallidire alla vista del pericolo da cui era minacciato. Il generale Vaubois ciò non di meno credè proprio, in quello stato di cose, di ricorrere un'altra volta alle preghiere. Egli in fatti pensò di profittare dell'influenza del vescovo su dei Maltesi. Incaricò quel degno prelato di diriggersi ai parrochi della campagna, e raccomandar loro di ridurre il popolo colla dolcezza all' ubbidienza, ed al buon ordine. Il vescovo aderì agli ordini ricevuti, e spedì il suo fiscale con una sua lettera diretta a quelli. Arrivato egli nel campo di S. Giuseppe, consegnò il foglio: quello fu letto, e communicato, per mezzo dei corrieri, a chi era diretto, immediatamente. Il fiscale, dopo breve riposo, fu rimandato indietro senza risposta.

Intanto, sebbene le disposizioni militari sin allora prese fossero bastanti per la difesa della campagna, i contadini però giudicarono misura prudente di aggiungere altre trincere alle già fatte, per maggior sicurezza: eglino pertanto molte altre costrussero sino li 6 Settembre. Nel centro di Casal Zabbar vi piantarono un'altra con quattro pezzi di cannone, un'altra nella collina della salita di Casal Luca con tre pezzi, e vi posero altri cannoni in più siti del Tarcien per la parte della Cottonera.

Il governo francese coll'arrivo del fiscale del vescovo apprese abbastanza di non poter guadagnare cosa alcuna dai campagnuoli. Malgrado però le misure fin allora attivate, il Cavaliere Defucan persuase il generale della piazza a spedire in campagna Padre Fedele, cappuccino molto amato, e rispettato da tutti gli abitanti di Malta. Fu tosto il suo piano effettuato. Si chiamò il frate, e gli fu ingiunto l'ordine di portarsi in campagna, parlare coi capi del popolo, indagare la vera causa della rivoluzione, e sentire da loro cosa domandassero dai Francesi. Accettò egli la proposizione volentieri, e si dispose all'impresa. Partì in fatti senza indugio, pienamente persuaso di trovare quegli uomini docili che avea lasciati pochi giorni addietro. Arrivò sino quasi al palazzo Placas senza vedere alcuna persona per istrada, ma inoltrandosi poco più avanti, si vide fermato, con sua grande sorpresa, dai campagnuoli, che da' loro nascondigli uscivano come da un formicajo. Espose egli pur nondimeno a quell'affollato popolo il soggetto di sua missione, e coll'arte, e coll'eloquenza tentò di persuaderlo, ma senza effetto. I contadini sdegnarono di sentirlo, arrestarono il frate, e lo condussero fra le ingiurie, ed i disprezzi nel campo di S. Giuseppe, come se fosse reo di alto tradimento. I capi allora, per liberarlo da ulteriori insulti personali, lo condannarono a temporaneo ritiro nell'ufficio dei giurati della Città Vecchia, e così lasciarono ancora, per la terza volta, i Francesi senza alcuna soddisfazione.

Il governo francese fortemente dispiaciuto del portamento de' contadini, pensò di propagare fra loro la miseria, e di vendicarsi dei Maltesi in generale. Cacciò a forza dalla città Cospicua per la campagna, e col solo abito addosso, le mogli, e figli di quegli uomini, che erano rimasti fuori delle porte allo scoppio della rivoluzione, gli abitanti dei quartieri, che si erano meschiati coi contadini nella menzionata lotta, e molte altre famiglie della Valletta, in tutto circa due mila persone. Adottò forti misure militari per gli abitanti della Valletta, fece loro sentire ogni sorta di cattivo trattamento, ed impose su i ricchi grosse contribuzioni senza alcun riguardo.

I cittadini mandati in campagna furono cordialmente ricevuti da' loro fratelli, e condotti in massa nel campo di S. Giuseppe. Furono quelli là interrogati di ciò, che i Francesi operavano. Eglino riferirono che l' inimico era determinato di fare uno sbarco nel porto di S. Paolo, ed una sortita dalla Porta Bombe. Furono indi provveduti di abiti, di viveri, e di abitazione cortesemente.

I capi de' battaglioni allora, e l'assemblea nazionale previdero subita catastrofe violenta, e seriamente pensarono sulla pericolosa loro situazione, nel caso di un regolare combattimento. Non si avvilirono però in quella circostanza. Ricorsero eglino agli ecclesiastici per implorare il divino ajuto, ed ordinarono la fortificazione de' posti i più sospetti dalla parte di San Paolo a mare, ed il rinforzo di tutte le guardie avanzate del campo di S. Giuseppe.

L'attento generale Caruana, in quel critico momento, pose ancora tutta la sua attività personale. Fece egli la rivista di tutte le guardie avanzate del suo distretto, e quello fu accolto dalle sue truppe in trionfo, e con entusiasmo. Egli si famigliarizzò con loro qual tenero padre. I suoi discorsi, le sue utili istruzioni, le ammonizioni, e le minacce fecero in loro grande impressione. Egli in fine distribuì loro le picche, che avea fatto preparare invece dei fucili.

I Francesi avevano, come già si disse, manifestato dispiacimento, per i dispregj loro fatti dai contadini, pure tentarono per la quarta volta, cosa difficile a credersi, d'invitarli a riunirsi a loro, ed a trattare la pace, per mezzo del canonico cantore D. Salvatore Susano, curato di Burmula D. Salvatore Feneck, padre Giuseppe Maria custode dei Cappuccini, e di Giuseppe Gauci, mandati in carrozza del vescovo nel giorno 7 di Settembre.

Quelli eseguirono con tutta forza il loro incarico. Promisero ai ribelli da parte del governo, giustizia, libertà, e protezione, e cercarono di usare tutt' i mezzi, per persuaderli a deporre le armi. Tutta però la loro cooperazione non fu efficace. Eglino furono considerati sospetti di tradimento, e come tali, confinati nell' ufficio giuratale della Città Vecchia in arresto.

Fin allora, l'ardimento inconsiderato de' contadini, di non rispondere ai progetti del governo francese di arrangiamento, e di pace, avea prodotto in lui solamente disgusto. L'ultimo ritenimento però delle persone inviate, lo spinse allo sdegno, e lo affrettò ad appigliarsi ad altre misure strette, e severe contro i nazionali chiusi nelle città, sebbene senza colpa. Un ordine fu dato, sotto pena di morte, agli abitanti della città Cospicua, di consegnare le armi, anche le più indifferenti, che rimaner potessero in loro potere, e commise ai membri della municipalità della Valletta una minuta visita in tutte le case per l'effetto suddetto, i quali eseguirono l'incombenza con affettazione insultante, corteggiati da' soldati armati. Si prefisse il termine di tre ore ai cittadini arruolati nel militare di trovarsi sulla piazza della libertà, e quelli furono colà dai soldati francesi disarmati. Il commissario di governo, nell' atto di quella dispiacevole cerimonia, si volse al popolo, e gli diresse un discorso tendente a persuaderlo di prendere le armi contro i rivoltosi, ma senza effetto. Fortificò i principali bastioni contro la campagna, rinforzò i corpi di guardia delle quattro città, e Floriana, e distribuì le pattuglie per tutte le strade della Valletta.

Egli riunì alle misure militari la rovina delle famiglie ancora. S' impadronì di tutte le case dei cittadini, che si trovavano in campagna, e quelle destinò per alloggio degli uffiziali, dai quali furono quasi tutte saccheggiate. In quella circostanza si distinsero alcuni membri della municipalità, ed adempirono il loro servizio contro i loro concittadini con attività senza esempio.

Un tumulto popolare si mosse in seguito nella città Cospicua, ed il torrente rivoluzionario parea acquistare tutta la sua forza entro quella città. Il generale Vaubois allora fece convocare consiglio di guerra, il quale decretò molte decisive misure, e fece spedire una fregata in faccia a quella città, minacciando gli abitanti di un bombeggiamento, nel caso che si fossero ostinati a devenire ad una volontaria riconciliazione. Non assistito quel popolo dalle altre due città vicine, fu costretto di arrendersi mal volentieri.

Risoluto il governo di far sottomettere i contadini colla forza, e colle armi, decise di assalirli, non già dalla parte di S. Paolo a mare, e Porta Bombe, come aveano assicurato i cittadini poco anzi sortiti in campagna, ma da più posti per la parte del Zabbar. Egli avea creduto facile la riuscita, ma s' ingannò non poco. Una batteria non ancora conosciuta fece abbattere l' inimico superiore in armi, ed in disciplina militare, più presto che non si sperava. I contadini sostennero quel primo formale attacco con molta costanza, e respinsero i Francesi con un coraggio, che loro fece grande onore. La battaglia finì colla perdita di molti soldati dall' una, e l' altra parte.

La disfatta della giornata produsse in loro costernazione, ed il governo prese altra direzione, la quale fu ugualmente favorevole ai Maltesi, che la battaglia. Fece partire dal gran porto una fregata per bloccare i porti esterni, onde impedire l' ingresso di qualunque soccorso, o provvisioni per la campagna. Per causa del vento contrario giunse la nave sino la batteria del *Kaura* nell' isola del Gozo, e fu da quella salutata impensatamente con molte scariche di cannone. Il complimento ricevuto le cagionò non indifferente danno, per cui dovette ritirarsi nel porto dal quale era uscita.

Nel frattempo che nella Valletta si occupavano di tutte le menzionate misure di difesa, in campagna agivano non meno con tutta attività a rinforzare e fortificare i posti pericolosi, e formarono il consiglio di guerra, in cui presiedeva il generale Caruana. Il palazzo di S. Giuseppe era il luogo d'incontro. Nel consiglio intervenivano molti individui di abilità, oltre i membri dell'assemblea, ed i capi dei battaglioni.

I successi svantaggiosi dell' ultimo fatto d' armi del Zabbar, ed il ritorno della fregata disordinato, impegnarono i Francesi di battere i campagnuoli sino all'esterminio. Una truppa considerevole fu spedita da S. Giuliano per il campo dell'*Harhar*. Ma la gloria militare francese sembrava, che mancar dovesse nei nostri campi privi di esperienza, e di bastanti armi. Il coraggio dei Maltesi fu lo stesso in quel pericolo, che nell' antecedente conflitto. Uniti come erano i contadini nel campo assediato, azzardarono di affrontare l'inimico con intrepidezza, e sostenere un combattimento ostinato di tre ore continue, e con non indifferente perdita di uomini. Gli animi dei combattenti s'inasprirono fortemente, e si battettero ancora petto a petto colle bajonette. Un soccorso repentino, mandato dal campo di S. Giuseppe, strinse l' inimico tra due fuochi, ed il cannone slanciato dalla batteria posta in una collina non molto distante dal luogo della lotta, confuse i Francesi talmente, che ebbero a ritirarsi loro malgrado, lasciando dietro molti uccisi, e non pochi fucili.

Il commendatore Ransijat allora spedì in campagna una sua lettera in data delli 16 Settembre, in cui spiegò ai rivoltosi tutte le difficoltà della loro intrapresa guerra, la sventurata loro situazione nel caso, che sarebbero stati forzati ad abbassare le armi, ed arrendersi, loro si offerì mediatore di riconciliazione coi Francesi, e gl' invitò ad indicargli, per mezzo dei due personaggi portatori della lettera, il luogo in cui potrebbe incontrare i deputati per un abboccamento, onde negoziare il trattato di pace. I contadini nulla riguardando la loro posizione incerta, la mancanza di provvisioni, e di munizioni di guerra, ed il pericolo imminente, in cui si trovavano, di provare miseramente il terribile sdegno di un potente governo irritato, tennero arrestati i porgitori della lettera, ed ardirono di lasciarlo senza risposta.

Fin quì i Maltesi agirono soli in quella spaventevole tragedia. Ma la provvidenza rimediò senza ritardo ai loro bisogni. Una flotta portoghese composta di quattro vascelli, e due fregate comparve nel giorno 18 Settembre a vista di Malta. Produsse quella diversi effetti. Ansiosi i Francesi, ed i Maltesi, di soccorso ugualmente, fecero quelli spedire dal porto della Valletta alcune scialuppe, e questi da Marsascirocco poche barche, per riconoscere il suo stendardo. Era certamente cosa molto curiosa il vedere i due partiti dubbiosi in quel momento di somma costernazione. Ma i Francesi, che ad essa si erano avvicinati i primi, conobbero prima dei Maltesi, che quella non era diretta in loro soccorso, e si ritirarono con precipitanza. Le barche maltesi allora forzarono le vele, e si accostarono con tutta fretta. Presentarono all'ammiraglio quel, che in campagna era accaduto, la di lei posizione funesta, e lo supplicarono caldamente di pronta assistenza: furono le loro preghiere accolte da lui con sentimenti gentili, e pronto si offerì ad ajutarli.

I Maltesi coll' intervento favorevole della flotta amica cominciarono a respirare, e le loro operazioni presero una direzione tutta diversa da quella che avevano sin allora seguitata. I bravi Portoghesi s'incaricarono tosto con molto interesse di uno stretto blocco, s'impegnarono di far entrare nel porto di S. Paolo tutti i trasporti carichi di viveri, che dalle vicinanze di Malta sarebbero passati per altri porti, e fornirono i contadini di armi, e polvere generosamente.

I Gozitani furono in quella circostanza vacillante soccorsi impensatamente. Eglino non si erano liberati ancora dai Francesi, che rinchiusi rimaserò nel castello Sciambrè, per timore di vedere distrutte, ed incendiate dal fuoco del nemico le case, gli armenti, e la campagna vicina a quella fortezza. Molti Maltesi pensarono di dar loro ajuto. Quelli allora, coll'assistenza di Filippo Castagna, circondarono di soldati il castello, ed i Francesi si videro, per mancanza di viveri, costretti ad arrendersi in poco tempo. I Gozitani s'impadronirono della loro isola, inalberarono lo stendardo di Sua Maestà Siciliana, ad imitazione della camgna di Malta, e nominarono loro capo il canonico arciprete D. Saverio Cassar.

Mentre che i contadini erano così provveduti di armi, e di polvere dalla munificenza dei Portoghesi, i Francesi tentarono ancora un'altra volta di attaccare gli avversarj. Una forza militare considerevole fu spedita per Corradino improvvisamente. Il battaglione però di quel posto si avvide del nemico a tempo, e fece il solito segno di soccorso. Il cannone della trincera appostata in quel campo lo tenne lontano, ed i contadini lo inseguirono con ardore straordinario.

Il disegno del nemico fu di esterminare in quell'azione ostile i rivoltosi, e di rendere la campagna un deserto. Il coraggio però, ed il numero de' campagnuoli sembrarono aumentarsi a misura che la battaglia diveniva più ostinata. I contadini alla fine misero in rotta i Francesi, e massacrarono molti di loro. Il conflitto durò più ore, e perirono non pochi Maltesi. La vittoria fu brillante, e decisiva.

Pochi giorni dopo quella segnalata azione, un altro avvenimento fortunato ebbero i Maltesi. Arrivò da Napoli Luigi Briffa, portante la consolante notizia, che il Re delle Due Sicilie si era degnato prendere in considerazione lo stato compassionevole delle nostre isole. Egli presentò all'assemblea nazionale il rapporto del suo viaggio, e di quanto aveva colà operato in favor del paese.

Allorchè i capi della campagna avevano incominciato a reprimere l'imprudenza di molti dei rivoltosi, pensarono, malgrado il risultato felice, e lo splendore delle riportate vittorie, e del potente soccorso dei Portoghesi, di seriamente abbracciare piuttosto il partito della pace tante volte proposto dai Francesi, e dai contadini sempre rifiutato, che sperare negli eventi azzardosi, ed incerti. I generali Caruana, e Vitale progettarono ai Francesi, per mezzo di lettera, la capitolazione, e chiesero loro di evacuare la piazza, e cederla nelle mani dei Maltesi. I Francesi ricusarono di trattare la pace cogl' insorgenti.

L'ammiraglio Portoghese sentì con risentimento il rifiuto del nemico comune, e decise di bombardare la città. Giunse questa notizia nella Valletta, i Francesi si mostrarono imbarazzati, ed i Maltesi timidi, e spaventati.

Il rinforzo imponente delle truppe ne' posti sospetti, i preparativi di difesa, che in campagna si facevano coll' ajuto de' Portoghesi, indussero il nemico a supporre, che la guerra dovesse lungamente durare. Erano allora le quattro città prive affatto di erbaggi, e legumi, e tutt' i viveri andavano scarseggiando. Il governo indotto dalla necessità, pensò di far coltivare i pochi terreni dentro l'opera coronata delle tre città, ed i fossi de' bastioni della Floriana. Ordinò pertanto, in forza di un proclama, la loro coltura generale, vi stabilì molte leggi, ed inflisse diverse pene per i negligenti.

Frattanto, che in campagna si andavano a poco a poco organizzando le cose, il governo provvisorio destinò i porti di S. Paolo, e Marsascirocco, per il commercio, stabilì in quelli l'ufficio di sanità, e nominò gli ufficiali per la sua direzione.

Il numero grande di cittadini usciti in campagna senza moneta, e senza mezzi di sussistenza; il servizio militare, che teneva incolti tutti quasi i terreni; ed il pochissimo commercio che allora vi esisteva nel paese; cagionarono uno sbilancio generale, e grande miseria.

Il governo francese, non soddisfatto appieno delle tasse fin allora imposte su i cittadini, pensò di altre ordinare più forti, sotto aspetto d'imprestito per lo mantenimento delle truppe. Il vescovo contribuì in quella circostanza cinque mila scudi, e molte famiglie private ebbero a pagare sino a scudi tre mila, ognuna proporzionatamente al capriccioso suggerimento degli incaricati per la ricolta. L'immaginata imposizione fu molto disgustosa, e molti furono obbligati di vendere gli ori, e gli argenti, ed altri quelli consegnare invece della moneta, per non vedersi esposti alle persecuzioni, e liberarsi ancora dalle violenze degli esattori zelanti.

In quello stato di smarrimento, in cui furono allora le cose, i Francesi un altro disprezzo per la Chiesa inventarono di natura la più stravagante. Ridussero, senza bisogno, la chiesa de' Padri Agostiniani della Valletta, in fabbrica di pane, e tutta la empirono di molini. Il tempio di Dio fu destinato per casa di animali, ricetto d' immondizie, e magazzino di provvisioni.

L'avversione dei Francesi contro i contadini cresceva tutt'ora. Eglino cercavano ancora tutte le vie di sfogare il loro fiero risentimento. Un attentato meditarono infatti, esecrabile, con tutta accortezza. Pensarono d'inalberare bianchi stendardi nelle torri in segno di pace, di far suonare in una volta le campane delle chiese della Valletta, e tutte empire di polvere le mine vicine agli esterni bastioni, con prava idea di esterminare così tutti quei, che mossi da curiosità, si sarebbero avvicinati sotto quelle mura inconsideratamente. Eglino però rimasero ingannati, ed il piano esterminatore non fu eseguito. Un artigliere francese fuggì nascostamente dalla Valletta, e tutti istruì i campagnuoli secretamente della nera trama ordita.

Tale era la posizione di Malta, quando negli ultimi giorni di Ottobre giunse innanzi i nostri porti l'armata inglese. I Francesi previdero allora la loro rovina, ed i Maltesi sperarono la loro liberazione, mediante il valido soccorso delle due potenze amiche.

L'armata non avea ancora riparato i danni sofferti nella battaglia, motivo per cui lasciò Malta dopo 24 ore. Molti capi della campagna informarono, nel corto spazio di sua dimora, l'ammiraglio Lord Nelson dello stato di nostre isole, e lo ringraziarono del procurato loro sovvenimento de' Portoghesi, ed egli loro promise rigoroso blocco fra poco tempo.

Un' altra inaspettata sortita del nemico per la parte del Zabbar era ancora destinata contro la campagna. I contadini diedero fortunatamente, un' altra volta, esempio di loro bravura. Il cannone della batteria di quel villaggio, e l' ajuto considerevole, che le campane delle chiese avevano chiamato sul campo assediato, costrinsero i Francesi a ritirarsi disperatamente, accompagnati da folla immensa di campagnuoli, sino le vicinanze della Rinella.

L'ostinata resistenza dei Maltesi favorita dai muri dei terreni, che formano tanti naturali trinceramenti, persuase i Francesi, come disse Ransijat nel suo giornale del blocco di Malta, di non tentare per l'avvenire simili sortite, ma di solamente difendere rigorosamente le quattro città dagli attacchi de' rivoltosi.

I continuati sordi movimenti popolari entro le quattro città presentavano sempre più un' idea di allarmante interno tumulto. I più arditi, ed i più intraprendenti avrebbero dovuto senza dubbio ritirarsi, e tacere alla vista delle prese misure dal governo. Eppure quelle non bastarono, e si trascurarono. I Francesi si videro pertanto incerti in quello stato turbolento. Andavano sempre temendo di qualche traditoria corrispondenza colla campagna. Pensarono in conseguenza di effettuare con secretezza un' espulsione per la campagna, di cittadini atti alle armi, per diminuire l' interna forza nemica. Un' ordine si diede rigoroso, che tutti gli abitanti dovessero al segno di ritirata chiudersi nelle loro case, e tutte chiudere ancora le imposte delle finestre. Quell' ordinazione fornì altro motivo di malcontento. Il volere del governo però fu eseguito immantinente da una commissione assistita da soldati armati, malgrado qualunque incontrata resistenza.

Eseguito l'atto violento, e liberati di 1500 uomini da loro temuti, permisero a tutti di uscire. Nessuno fin allora sapeva quel che all'altro accadde, e tutti sbalorditi, e curiosi dimandavano gli uni agli altri il motivo dell' ordinato ritiro. Quella capricciosa espulsione cagionò da ogni parte nel popolo un fremito d'orrore, e nelle famiglie di quei, che furono cacciati, produsse somma amarezza.

Allorchè Malta trovavasi così avanzata nella sua intrapresa ardita, ricomparve l'armata Inglese, e quella si unì alla squadra Portoghese. Alcuni capi della campagna visitarono Lord Nelson, e tutti ammirarono il suo dolce cuore, la sua affabilità, ed il suo impegno per la loro salvezza. Dopo pochi giorni l'ammiraglio partì per Napoli, e commise il comando del blocco al capitano John Ball.

I Francesi allora non isperarono più di vincere, ed i Maltesi non agirono più all' azzardo. Il benefico ammiraglio somministrò loro molte munizioni di guerra. Da tutti si vide allora in un istante sbandito il timore interamente.

I contadini, ricchi per generosità dei due ammiragli, di cannoni, e polvere, diedero mano ad ingrandire la trincera della *Samra*. Niente piacque ai Francesi la presa misura, e con un cannoneggiamento di cinque ore continue tentarono d' impedire l' incominciato lavoro. I loro sforzi però non riuscirono. I campagnuoli sempre coraggiosi mostrarono anche in quell'occasione molta intrepidezza, e si difesero senza alcuna interruzione. Eglino durante il combattimento inalberarono, come scrisse Ransijat, un paviglione nero, ed innalzarono un gran crocifisso sulla chiesa dell'Attoccia.

Pochi giorni dopo l'arrivo dell'armata inglese in Malta, i Portoghesi abbandonarono il blocco, e quelli furono dai Maltesi distintamente ringraziati della non interrotta valida assistenza, e delle pronte risorse loro prestate in quei momenti pericolosi.

I generali Caruana e Vitale, prima della loro partenza, replicarono per lettera al generale Vaubois la proposizione di cedere la piazza, e l'ammiraglio portoghese, ed il comandante inglese si offerirono di scortarli sino la Francia. Quella lettera fu portata al generale da due ufficiali (Inglese e Portoghese) ed egli loro rispose ne' seguenti termini. "Voi vi siete dimenticati senza dubbio, che vi sono dei Francesi in Malta. La sorte degli abitanti non deve punto riguardarvi. Riguardo l'esposto i Francesi non intendono lo stile."

In quel frattempo, molti degli abitanti dei villaggi Zeitun e Żabbar, per vanità di mostrare la loro arditezza, penetrarono a folla sino la piazza del convento dei cappuccini della città Vittoriosa, daddove strapparono con grande destrezza la croce, che là eravi posta, e quella condussero in trionfo nel Zeitun, ove esiste tutt'ora su di un piedistallo di pietra, vicino la chiesa parrocchiale, in memoria del fatto acquisto da sotto le mani del nemico.

L'inverno andava già approssimandosi, e le truppe francesi si trovavano sprovvedute di vestiario. Mancavano al governo i mezzi di provvedersi di panni, e di tutt'altra sorta di stoffe a quello necessarie. Il generale Vaubois pensò, e trovò il rimedio. Una lettera diresse al commissario di governo, con cui propose lo spoglio del Monte di Pietà di tutta la roba adattata, e la commissione di governo spedì a tal effetto un suo ordine in adesione alle disposizioni contenute nella lettera del generale di divisione.

Non potevano i Francesi vedere con indifferenza i militari rinforzi, che i contadini avevano intrapreso allora nella trincera di Corradino, come un posto a loro molto svantaggioso, e di considerevole danno. Riguardavano ancora, con superbia e disprezzo, i nostri nuovi soldati, che sortiti dall'interno della campagna, volevano, senza alcuna esperienza nelle armi, lottare con chi avea quasi annientato nazioni intere. Pensarono, pertanto, senza ricordarsi della risoluzione, che aveano presa di non farne più sortite per la campagna, di far distruggere i loro trinceramenti, e se fosse stato possibile, le loro persone, e le loro sostanze. Un'altra formidabile spedizione per quella contrada fecero da tre punti diversi, con intenzione di sorprendere i contadini, e confonderli. Ma l'accortezza delle guardie avanzate rovesciò interamente i loro attentati. Avvertirono quelle con prestezza i villaggj vicini, ed il posto assediato si empì all'istante di migliaja di uomini risoluti di vincere, o morire gloriosamente. La forza nemica fu assai superiore a loro, ed il cannone della Cottonera, della batteria sotto i cappuccini della Floriana, e della torre Cavaliere agiva senza interruzione sopra i contadini. Ciò però non iscoraggì i campagnuoli, e si meschiarono in mezzo a loro con risolutezza incredibile. L'accanito contrasto durò più ore: il conflitto fu pericoloso, e gl'insorgenti trionfarono, sebbene a stento, sopra il nemico felicemente. I Francesi si persuasero allora con evidenza dell'impossibilità di manovrare nei làberinti della campagna di Malta, ed i Maltesi fecero vedere, che anche gli uomini indisciplinati nelle armi, sapevano combattere e vincere i più bravi soldati.

Uno sfortunato Maltese cadde in quella lotta in potere del nemico, e fu condotto nella Valletta come una gemma preziosa. Interrogarono i Francesi rigorosamente il prigioniere sugli affari della campagna, ma egli non soddisfece la loro avida curiosità. Quegli era un uomo semplice piuttosto, e come tale non era informato delle misure recentemente adottate, cosicchè inutili riuscirono tutt'i mezzi da loro a quell'effetto tentati.

Scarseggiava allora in campagna ogni genere di viveri, e molti degli abitanti si erano ridotti in pura miseria. Tutt' i capi pensavano confusi qual mezzo trovar potessero a procacciarsi i mezzi di sovvenire l'afflitta popolazione. La provvidenza però rimediò ai loro bisogni senza ritardo. Sua Maestà Siciliana, che pochi giorni prima li aveva provveduti colla corvetta il *Leone* di polvere, e palle, si degnò ancora informarli, per mezzo di una lettera scritta dal Marchese di Gallo, di aver egli ordinato al vice-re di Sicilia, di accordar loro tutti quei soccorsi di viveri, e di altri generi, che potrebbero loro abbisognare, e di permetterne l'esportazione prontamente.

LETTERA

Di Sua Maestà Siciliana diretta ai Maltesi.

Sensibile Sua Maestà il re nostro signore alle espressioni di fedeltà e di sommissione, che i deputati dell' isola di Malta in nome di codesta nazione hanno umiliato al real trono, mi ha ordinato di farli conoscere il suo real gradimento, e la compiacenza con la quale accoglie i voti di codesto popolo verso di cui i sentimenti paterni, e benefici del suo real animo non hanno potuto indebolirsi, malgrado alle vicende sofferte da quell' isola, e gli attentati che si sono commessi contro la sua legittima ed irrevocabile sovranità. Da quei sentimenti appunto mosso l' animo suo, e commiserando i bisogni di codesto popolo, ha già, sulle reiterate sue richeste, ordinato al Vice Re di Sicilia di accordare ai suoi fedeli Maltesi tutti quei soccorsi di viveri, e di altri generi, che potranno abbisognarli, non solo con permetterne l'esportazione a favor loro, ma ben anche col facilitargliene in ogni modo l acquisto.

Nel real nome lo communico alle SS. LL. Illme per loro intelligenza, e l' uso che convenga.

S. Gennaro, 15 Novembre 1798.

Il Marchese di Gallo,

Il governo francese, non più udendo fra i cittadini che suoni frequenti di lamenti, e popolari susurri, pensò di mostrarsi del popolo amico, nel momento che tutt' i pensieri d'indignazione si affollavano nel suo animo. Egli pubblicò pertanto le seguenti ordinazioni, ed in quelle vi pose tutta la speranza di sedare qualunque tumulto.

ORDINE

DELLA COMMISSIONE DI GOVERNO,

27 *Brumaire anno* 7 (17 *Novembre* 1798.)

La commissione di governo, considerando che a tenor dell' articolo vii del trattato di pace, o convenzione fatta tra la Republica Francese, e l'Ordine di Malta è stato promesso al popolo maltese che egli continuerebbe a godere, come per lo passato, del libero esercizio della Religione Cattolica Apostolica Romana: che in conseguenza di questa promessa tutto ciò, che sembra avere un rapporto essenziale con questo culto, deve essergli esattamente conservato; la commissione di governo sentito il commissario francese, stabilisce,

Che l' uso delle campane, non essendo giammai dovuto essere proibito, sarà permesso a tutte le chiese di continuare a suonarle, come per lo passato, ma soltanto di giorno, per motivo delle attuali circostanze, cioè a dire dal levare sino al tramontare del sole, e che la spedizione del presente ordine sarà mandata subito al cittadino Vescovo di Malta.

(Sottoscritto) Bosredon Ransijat,
Presidente della Commissione di Governo.

ORDINE

DELLA COMMISSIONE DI GOVERNO.

30 *Brumaire anno* 7 (20 *Novembre* 1798.)

La commissione di Governo, considerando che a tenor dell'articolo viii del trattato di pace, o convenzione passata tra la Republica Francese, e l'Ordine di Malta, il quale dice, che tutti gli atti civili passati sotto il governo dell'Ordine saranno validi, ed avranno la loro esecuzione, verun cambiamento poteva essere fatto a questi medesimi atti, e che in conseguenza il decreto delli 3 Thermidor anno 6 della republica francese, dato dal commissario del governo francese concernente i censi, affitti a tre vite, ci sembra un' infrazione manifesta del detto articolo; considerando ancora che questo decreto non si trova neppure scritto su i nostri registri, per non aver preso veruna parte a ciò, nè noi, nè il generale Vaubois, all'approvazione del quale dovea essere sommesso;

La commissione di governo per tutti questi motivi, dopo aver inteso il commissario francese, stabilisce,

Che il suddetto decreto delli 3 Thermidor scorso, concernente i censi, affitti a terza generazione, resti annullato, e sarà riguardato come non fatto.

(Sottoscritto) Bosredon Ransijat,
Presidente della Commissione di Governo.

I Francesi avevano rallentato per poco tempo le operazioni ostili, ed i contadini respirarono alquanto. Il comandante la squadra inglese capitan Ball suggerì in quell'intervallo di bombardare la Valletta. I preparativi si osservarono dalla città, ed apportarono sconcerto. Il generale Vaubois emanò un Proclama con cui, permettendo a tutti quei, che temessero le bombe, di uscire in campagna, diede alcune disposizioni adattate alla circostanza. Molti degli abitanti si prevalsero del permesso, e si allontanarono dal pericolo. L'azione militare frattanto si eseguì con molto calore, ma i contadini, che vollero solamente atterrire l'inimico, non recarono col fuoco danno alcuno alle fabbriche della città.

Il benefico Re di Napoli serbò sempre dei Maltesi la più tenera ricordanza. Egli mandò loro un'altra volta due trasporti con polvere, e fucili, e copia di un altro suo regio decreto, ordinante il permesso di caricare dagli scali della Sicilia tutte le necessarie provvisioni a credenza.

Oltre l'assemblea nazionale, vi fu ancora in tutt'i casali un governo provvisorio per lo provvedimento dei viveri del rispettivo battaglione, e della popolazione.

Il primo fra i casali, che si approfittò della reale ordinazione del Re delle Due Sicilie, fu il villaggio Asciach. Obbligò quello a nome degli abitanti, tutt'i beni esistenti dentro quel distretto, ad effetto di portare dai caricatori, e scali della Sicilia, le provvisioni necessarie per servizio di quella popolazione, e del suo battaglione.

PROCLAMA

DEL GOVERNO PROVVISORIO DI CASAL ASCIACH.

Noi sottoscritti rappresentanti l'attuale governo provvisorio di casal Asciach in Malta, considerando essere divenuta oramai scarsissima in questa campagna di Malta la moneta forestiera, nè ritrovando prezzo conveniente de' nostri cotoni filati nei caricatori, e scali della Sicilia, e mancandone altri mezzi proprj per portare le necessarie provvisioni per il nostro battaglione, e popolazione di questo casale; valendoci del dispaccio, che adesivamente alle nostre suppliche, ed adequatamente alle attuali critiche circostanze si degnò Sua Maestà il Re di Napoli spedire in data del dì 10 Novembre scorso, abbiamo di unanime consenso deliberato, che da noi stessi, e dalle persone le più ricche di questo casale a nome proprio, e di tutti gli altri possidenti, si obbligassero tutt' i beni stabili esistenti dentro il distretto del medesimo casale, ad effetto di portare dai caricatori, e scali di Sicilia, per mezzo di questa ipoteca, mille salme grano, e cinque cento orzo, ed altre vettovaglie per servizio di questa popolazione, e suo battaglione : con questo, che del grano, orzo, ed altre vettovaglie che si porteranno, sarà lecito al provveditore del nostro battaglione prendere senza denaro quanto gli abbisognerà per mantenimento de' soldati, ed il rimanente si venderà a denaro contante per servizio della popolazione da uno, o più magazzinieri, che saranno scelti, e nominati da noi, e dalle altre persone, che avranno fatta l' obbligazione, ed il ricavato sarà a suo tempo cambiato in moneta forastiera, e spedita colla possibile sollecitudine in favore di chi ci avrà mandato le provvisioni a credenza, ed in diminuzione del nostro debito, con promettere noi, e le altre persone ricche a nome proprio, e di tutti gli altri possidenti, di pagare il saldo di tutte le provviste, che ci saranno spedite dalla Sicilia, fra il tempo di sei mesi.

Promettiamo inoltre di dover presso il futuro governo di quest' isola impiegare ogni nostra influenza, e cooperazione, perchè siano da esso governo, od in qualunque altra maniera, come di ragione, indennizzati, e soddisfatti tanto quei, che fin'ora hanno contribuito denari, ed effetti, come anche quei, che avranno esplicitamente, od implicitamente ipotecati i loro beni per le somme nelle quali resteranno scoperti.

E per l' esecuzione di questa nostra deliberazione analoga alle attuali nostre circostanze, e dirette unicamente alla comune salvezza, ordiniamo che sia pubblicata tanto in chiesa *inter Missarum Sollemnia*, quanto nella pubblica piazza di questo casale, ed affissa in luogo patente, affinchè quei tali, che avranno da dire in contrario, debbano, fra il perentorio termine di quattro giorni, comparire col loro protesto nell' ufficio notariale del Signor Gregorio Mifsud nel Zeitun, e non comparendo, nè reclamando, s' intenderanno aver approvata questa nostra deliberazione, e ratificata eziandio l' obbligazione, ed ipoteca de' loro beni, che a nome di tutte le persone facoltose sarà da noi, ed altri fatta.

Dato nella Residenza del Governo di Casal Asciach,

Oggi li 24 Decembre 1798.

Sacerdote Pietro Mallia, Direttore.
Michele Spagnuolo, Provveditore.
Giuseppe Barbara, Capo di Battaglione.

Convinti i Francesi della loro critica posizione, volendo economizzare il grano per quanto era loro possibile, ed impossessarsi ancora del resto delle ricchezze di Malta interamente, emanarono i seguenti due Proclami.

PROCLAMA

Delli 25 *Frimaire*, (15 *Dicembre* 1798.)

Considerando il generale di divisione che sia molto a proposito di far uscire dalle città tutte le bocche inutili, ordina,

ARTICOLO I.

Tutte le donne di cui i mariti sono assenti, le vedove, le zitelle, che fanno il mestiere di lavorare calzette, le filatrici, le lavandare, si porteranno domani ad un' ora dopo pranzo con la loro roba, cioè quelle della città dell' ovest (compresa la Floriana) sulla piazza della libertà, come pure quelle delle città dell' est, e della Cottonera sulla piazza della Vittoriosa. Esse saranno immediatamente condotte alle porte, e mandate fuori con tutti i loro effetti.

ARTICOLO II.

Tutte quelle, che non si presenteranno saranno arrestate, e mandate in campagna senza la loro roba.

ARTICOLO III.

Sono eccettuate le donne che vivono dalle loro rendite, e più particolarmente le madri, e mogli di quelli, che sono partiti coll'armata, le quali saranno sempre sotto la protezione de' Francesi.

ARTICOLO IV.

I cittadini che saprebbero, che alcune di quelle donne saranno rimaste in città, sono invitati a manifestarle.

ARTICOLO V.

Le case matte, le volte, i magazzini, i sotterranei, ed altri luoghi a prova di bomba, dovendo essere occupati dai Francesi, e cittadini impiegati al servizio della republica, tutti gli altri individui, che vi sarebbero collocati, o che si collocheranno senza un permesso, ne usciranno al momento.

ARTICOLO VI.

Il comandante ingeniere, ed il comandante di piazza, sono incaricati di vegliare all' esecuzione dell' articolo precedente.

ARTICOLO VII.

Saranno indicati i luoghi sicuri dove potranno ritirarsi i funzionarj pubblici.

(Sottoscritto) VAUBOIS.

PROCLAMA

Delli 19 *Nivose*, (8 *Gennaro* 1799.)

Da domani dopo pranzo si delibereranno nel Monte di Pietà dei bijoux al prezzo della stima. Gli ufficiali della guarnigione che avrebbero desiderio di qualcuno di questi oggetti, potranno ottenerli con un credito di un mese. Riceveranno i loro biglietti per contante del corrente mese in mano del pagatore.

Se il valore del biglietto è minore della loro paga del mese, riceveranno il soprappiù in danaro. I vantaggj della republica, ed il loro utile particolare, esige, che questa misura sia rigorosamente eseguita come è ella ordinata.

Eccettuato questo mese di credito autorizzato, sarà il tutto pagato in contanti al burò del Monte di Pietà, ed il danaro proveniente sarà versato di giorno in giorno nella cassa del pagatore del governo. Il generale si lusinga, che questa operazione si farà colla maggior tranquillità, e che il militare in generale conoscerà le mire di colui, che ha l'onore di comandarli, che sono di procurarli il di loro pagamento, e di privare gl' insorgenti contra la republica di un bene che ella medesima acquistò per motivo della ribellione. Assisterà alla vendita di questi bijoux un membro della commissione di governo, un agente maggiore della piazza che sarà munito di una nota del pagamento, che si fa a ciascun ufficiale a tenor del suo grado. Il Monte di Pietà sarà aperto giornalmente per i compratori, dalle due pomeridiane sino alle cinque. Gli abitanti delle città possono anche comprare in contanti.

(Sottoscritto) VAUBOIS.

Quel che aveva sempre temuto il governo francese, accadde. Ogni suo sforzo non fu bastante. I suoi nemici esterni pur si unirono agl' interni per affrettargli l'estrema rovina. Una secreta corrispondenza fu ordita tra gli abitanti della campagna ed i cittadini, e tutto aveano disposto per impadronirsi della porta di Marsamuscetto, e della Cottonera.

Le campane di S. Giovanni, e l'inalberamento di uno stendardo sulla torre Cavaliere coll'effigie di San Paolo erano i segni concertati, per un soccorso generale. Il giorno era appuntato, e tutte le misure combinate. Una porzione del battaglione di Birchircara era già passata, nel silenzio della notte, a nuoto, e su battelli per i magazzini vicini alla quarantina di Marsamuscetto, ed un'altra del Zabbar erasi situata nel suo posto nelle vicinanze della Cottonera; solamente l'ora dell'assalto ancor mancava, e si aspettava con ansietà.

Una combinazione impensata però rovesciò interamente l'ideata speranza. L'ufficiale comandante il forte Manoel si ritirava a notte inoltrata, e si avvide della gente nascosta. Egli arrivò nel forte, prese soldati armati, là si portò con precipitanza, e con tutta forza penetrò nei magazzini. I contadini così sorpresi, si videro perduti, e tutti cercarono le vie di sottrarsi dal pericolo. Molti furono fortunati, e scapparono su i battelli, che eransi nascosti sotto una rocca, e molti saltarono dalle finestre per il mare, e non tutti arrivarono la terra liberatrice. Alcuni di loro vittima rimasero delle acque, ed altri caddero in mano del nemico sgraziatamente.

Diede tosto rapporto l'ufficiale dello scoperto tradimento al generale Vaubois, e le truppe si posero sulle armi.

Gli arrestati contadini dal comandante il forte Manoel furono del numero venti cinque. Seppe allora il governo, che il capo della congiura fosse stato capitan Guglielmo Lorenzi Corso, ed i principali intrigati, il profumatore di Lazzaretto, Peralta, e D. Michele Xerri, uomo di molto merito, e di grande dottrina, i quali furono immediatamente confinati nelle prigioni.

Una commissione militare si formò allora senza indugio contro il solo Guglielmo Lorenzi come capo della tentata trama. Egli, senza difendersi, confessò di essere interamente complice, ma non palesò i compagni. La sentenza fu di morte; si eseguì dopo 24 ore, ed il paziente dimostrò fortezza d'animo maravigliosa.

Il governo in quel momento di turbamento temette gl' interni nemici, e gli effetti formidabili della ribellione, e giudicando non sufficienti abbastanza le già prese determinazioni, emanò altro proclama, con cui ordinò di barrarsi tutte le case vuote: proibì ai Maltesi di possedere giardini nell'interno delle fortificazioni, di tenere armi, e qualunque altra sorta di munizioni di guerra, e di avvicinarsi ai bastioni, sotto pena di morte. E per tutti quei, che avessero ardito commettere il minimo attentato contro la vita dei Francesi, e de' funzionarj pubblici, inflisse la pena di morte, della confiscazione de' loro beni, e dell'esilio di loro famiglie.

La commissione militare frattanto avea continuato a tutto rigore le sue operazioni, e D. Michele Xerri, ed altri cittadini, e uomini di campagna furono condannati alla fucilazione. Accolse D. Michele l'annuncio di morte senza turbarsi, e con sentimenti i più onorevoli. Egli fu contento di morire per la patria, e si rallegrò di non aver palesato nessuno de' complici.

Giunto il giorno fatale, i prigionieri furono strascinati in trionfo nella piazza della libertà, luogo del supplicio, ed egli comparve in abito sacerdotale in mezzo agli altri, tutto animato di coraggio, e perfettamente sommesso alle leggi che lo avevano condannato. Egli con voce alta, e ferma confortava per istrada i suoi compagni di morte con maniere le più insinuanti, e dolci. Egli, arrivati sul posto dell'esecuzione, riprese con più forza ad incoraggiare i timidi, ed animarli sino gli ultimi momenti della loro vita, coi soccorsi della religione. Così tutti disposti, egli continuò a non temere quel che dovea succedere, si genuflesse, e supplichevole implorò soccorso al cielo, e perdono. Egli allora, senza titubanza e con fermo volto, diede ai militari il segno di eseguire gli ordini. Eglino tutti, colle braccia aperte, esclamarono allora, giusto Dio abbi di noi pietà. Ciò detto appena, tutti insieme, allo scoppio funesto dei fucili, caddero sul terreno estinti, e vittima rimasero della morte gloriosamente, per amor della patria.

Trovandosi il governo francese scarsissimo di moneta per lo mantenimento delle truppe, emanò un proclama, con cui, figurando di voler assicurare un' indennizzazione delle spese della guerra, e procedere nello stesso tempo alla conservazione delle proprietà degli assenti cittadini, che non avevano parte nella ribellione, impose a chiunque occupasse case nella Valletta, appartenenti alle communità, e particolari residenti nei villaggi delle isole di Malta, e Gozo, ed a tutt' i debitori per qualunque altro titolo, di farne la loro dichiarazione alla commissione de' beni nazionali, con darne conto degli arretrati, ed affitti non pagati, sotto pena di essere i contraventori proseguiti innanzi i tribunali per lo pagamento di tutte le somme dovute, di cui sarebbero stati scoperti essere debitori.

Supponendo alcuni membri dell' assemblea, che, per i torbidi in allora esistenti nell' Italia, e nel Regno di Napoli, Sua Maestà il Re delle Due-Sicilie non avrebbe potuto più oltre attentamente badare ai bisogni della guerra, proposero nella seduta del dì 7 Febbrajo 1799, di umiliare alla detta Maestà Sua un memoriale, il di cui tenore si leggerà appresso. La proposizione non fu contradetta, e furono nominati per deputati presso quella corte l'abate Ludovico Savoye, il barone Gaetano Fournier, e l'assessore Luigi Agius.

Fu indi a quelli consegnato il ricorso sottoscritto da tutti quasi i membri dell'assemblea, ed una lettera loro fu data di raccomandazione per il Principe di Luzzi, ministro di stato di Sua Maestà. Eglino partirono senza perdita di tempo per Napoli su di una fregata inglese.

MEMORIALE

Dei Maltesi a Sua Maestà Siciliana.

Sire,

I rappresentanti del clero, e popolo maltese, umilissimi servidori, e vassalli fedelissimi della Maestà Vostra, con tutto il rispettoso ossequio si umiliano avanti il trono di Vostra Maestà, esponendole, che quel popolo crede di aver dato il maggior contrassegno del suo attaccamento, e fedeltà, verso la sua real corona, avendo preso le armi contro i Francesi, i quali illegittimamente avevano occupato l' isola di Malta, e Gozo, e privata la Maestà Vostra di quelli dritti che tiene sulle medesime, e con aver immediatamente ricorso alla paterna sua protezione, domandando quelli valevoli soccorsi di bocca, e di guerra, analoghi al bisogno, per espellere totalmente i Francesi ristretti dentro la piazza, e sue fortificazioni.

Non ommise la Maestà Vostra dare le più serie disposizioni perchè dalla vicina Sicilia venissero somministrati dei viveri ai Maltesi, e di spedire anche delle munizioni da guerra. Convenne bensì ai medesimi colli più alterati prezzi, e con pagare varj dritti di contumacia, ed altri, acquistare le medesime derrate. I soccorsi militari poi non furono sufficienti, per poter avere l'intento, a segno che sono già scorsi cinque mesi di viva guerra, e ci mancano ancor i necessarj mezzi per evacuare la piazza, la quale dimora ridusse la popolazione maltese alla maggior miseria, ed allo stato di vera inerzia a poter tirare avanti, crescendo giornalmente la popolazione in campagna per l'espulsione della povera gente dalle quattro città, la quale viene a vivere a spese dei campagnuoli, e questi non possono più reggere alle spese pel mantenimento delle truppe, fabbriche di trinceramenti, e varie cose, che necessitano, a segno, che mancando il numerario si trovano nelle più critiche circostanze, o di perir di fame, oppure di cedere le armi, e restarne vittima dei Francesi.

Onde ricorrono alla paterna sollecitudine di Vostra Maestà, perchè, non potendo forse, per i torbidi che vi sono in Italia, e nel suo regno di Napoli, prendere piena cura di quest' isola con farla provvedere di tre mesi di viveri, sotto l' ipoteca de' suoi beni pubblici, e particolari, e supplire altresì quello che manca pel decisivo attacco coi pertinaci nemici, permetta al popolo maltese di ricorrere ad una potenza alleata alla Maestà Vostra, qual è Sua Maestà Britannica, la di cui squadra tiene tuttavia bloccati i Francesi, ad effetto di ottenere dalla medesima una speciale protezione, e valida cooperazione, in un affare di tanta importanza. E perchè Sua Maestà Britannica potesse maggiormente interessarsi, permetta a questo popolo, di poter inalberare sulle piazze, e fortificazioni dell' isola lo stendardo inglese in sin alla fine della guerra, quante volte ciò sarà di suo piacimento.

Che però si fanno lecito gli oratori, a nome del fedelissimo clero, e popolo maltese, implorare dalla Maestà Vostra una pietosa commiserazione ad accordare loro il supplicato permesso, giacchè a costo di perdersi, nulla vogliono arbitrare senza la sua reale approvazione.

Il comandante la squadra inglese, uomo dotato di accorgimento, e di grande avvedutezza, riuscì in breve tempo di guadagnare l'animo dei capi della campagna. Eglino giudicando necessaria la sua assistenza, per riunire insieme una forza capace di appoggiare le misure di loro governo, lo nominarono presidente dell' assemblea. Il comandante Ball allora modificò in loro unione quel corpo, e cangiò il nome di assemblea in quello di congresso.

Nella seduta seguente alla nomina del presidente, i capi dei battaglioni rapportarono, che i grani portati dalla Sicilia per le truppe si consumavano pel mantenimento della popolazione cresciuta a dismisura per le frequenti espulsioni di cittadini dalla Valletta, e che eglino, non avendo contante, non erano nel grado di fornire i loro magazzini della necessaria provvista. Il congresso diede allora un momentaneo rimedio alla scarsezza de' grani, mediante il seguente ordine.

BANDO

Avendo quasi tutt' i battaglioni gran bisogno di provvedersi prestamente di grano per il loro mantenimento, e non avendo danaro pronto per farne venire dalla Sicilia; Sua Eccellenza il Signor Ball unitamente con il congresso ha ordinato, ed ordina a tutt' i gabellotti, e censualisti de' beni pubblici, ossiano quelli, che erano altre volte posseduti dal Gran Maestro, Religione Gerosolomitana, assemblea, e fondazioni, ed anche di quei beni, i padroni de' quali si trovano ancora rinchiusi dentro le mura delle quattro città, di consegnare al rispettivo capo rappresentante del loro proprio casale quella quantità di grano, orzo, e meschiato raccolto dai detti beni, che hanno superflua per la loro provvisione, e per semenza del futuro anno, i quali grani, orzi, e meschiati saranno dal medesimo rappresentante presi con ricevuta, fissati prima i loro prezzi a stima di due periti, per poter essere il loro valore scontato dalle gabelle, o canoni dei medesimi gabellotti, o censualisti dovuti per li su mentovati terreni, e questo grano, orzo, e meschiato così raccolto da tutt' i beni, sarà distribuito, e somministrato a proporzione a tutt' i battaglioni, *gratis*, sotto pena a tutti coloro, che nasconderanno in tutto, o in parte simili prodotti, e non riveleranno la vera quantità del prodotto ricavato in questo anno, di essere loro confiscate dette derrate, ed essi considerati come nemici della patria, ed aderenti ai Francesi.

GIO. BATTISTA AGIUS,
Segretario del Congresso.

In quella seduta il presidente propose, che il congresso dovesse per l'avvenire formarsi dai capi del popolo, formalmente eletti dai capi di famiglia, e da altre persone, come si dirà in avanti. Si stabilì il giorno 11 Febbrajo 1799 per l'apertura del primo congresso, e si destinò per luogo di loro unione la villa di St Antonio, residenza allora del comandante la squadra inglese.

Intervennero nel fissato giorno dell' apertura del primo congresso i capi dei battaglioni, ed i due generali Caruana, e Vitale. Tutti insieme decretarono allora, che il congresso dovesse essere composto dal deputato luogotenente del vescovo, come rappresentante il clero di questa diocesi, da un giudice, e dai deputati, ossia rappresentanti del popolo, nominati dai capi di famiglia di ogni terra, o casale: che il giudice dovesse eleggersi nel prossimo congresso dai deputati, e che i due generali della campagna potessero intervenire nelle sedute ogni qual volta loro piacerebbe.

Terminato appena il comitato, i capi de' battaglioni si portarono ne' loro casali, annunciarono al popolo la determinazione del congresso, ed invitarono tutt' i capi di famiglia a destinare il luogo per l' elezione del deputato, la quale si effettuò in tutt' i villaggi fra pochi giorni senza alcun disturbo, e furono i nominati rappresentanti muniti di un documento giustificante la loro elezione.

Nel giorno 18 dello stesso Febbrajo si tenne altro congresso, in cui i deputati esibirono gli atti di loro nomina, e furono tutti riconosciuti per tali.

ELENCO

Dei Deputati, ossia Rappresentanti del Popolo.

Per la Città Vecchia, Rabbato, e Casal Dingli.	Emmanuele Vitale.
Zebbug	Notaro Pietro Buttigieg.
Siggeui	D. Salvatore Curso, Parroco.
Micabiba.	D. Bartolomeo Garaffa, Parroco.
Crendi.	Gregorio Mifsud.
Zurico.	D. Fortunato Dalli.

Safi.	Ch. Giuseppe Abdilla.
Chercop	Enrico Xerri.
Gudia	Filippo Castagna.
Axiach	D. Pietro Mallia.
Zeituu.	Capo Maestro Michele Cachia.
Zabbar.	Agostino Sajd.
Tarscien	Giuseppe Montibello.
Luca.	Giuseppe Casha.
•Curmi	Stanislao Gatt.
Birchircara	Vincenzo Borg.
Gargur.	Ch. Giovanni Gafà.
Naxaro	Cav. Paolo Parisio.
Musta	D. Felice Calleja, Parroco.
Lia	Salvatore Gafà.
Balzan	Giuseppe Frendo.
Attard	Notaro Saverio Zarb.

I detti rappresentanti intenti ad offerire a' loro compatriotti un prospetto di felice successo, ed una garanzia certa di loro cooperàzione attiva per lo pubblico bene, elessero con tutta speditezza giudice del congresso il Dr Luigi Agius, e segretarj l'abate Savoye, allor assente, e Gio. Battista Agius. Nominarono due deputati di sanità, Giuseppe Gauci per il porto di S. Paolo, e Giovanni Azopardi per quello di Marsascirocco. Ed ordinarono molte altre disposizioni tendenti al buon ordine del governo.

I Francesi in quell' epoca ebbero motivo di perfetto contento. Una fregata carica di munizioni di guerra, e di viveri proveniente da Tolone entrò nel porto. I cattivi tempi avevano allora allontanato i legni inglesi dal blocco, per cui quell' importante soccorso arrivò felicemente al suo destino.

Riceverono con quella ancora dispacci i più vantaggiosi. Il direttorio di Parigi, nel significar loro la sua ferma risoluzione di voler esercitare tutti gli sforzi per non perdere la piazza, palesò loro la sua estrema soddisfazione della brava difesa, che i militari avevano sin allora fatta con molto onore.

Eglino in seguito divennero più assidui, e più attenti a sostenere la guerra con impegno.

A quel favorevole avvenimento si aggiunse un altro per loro più lusinghevole. Seppero che i Francesi avevano occupato la città di Napoli, e che non potevano tardare d'impossessarsi della Sicilia ancora. Sperarono, e non senza ragione, di avere allora pronti soccorsi, e provvisioni, e di vedere i contadini indotti ad arrendersi necessariamente.

Accertato il congresso, che fra i cittadini sortiti in campagna vi fossero persone totalmente del partito contrario, non ancora conosciute, nella seduta delli 25 Febbrajo 1799, ordinò, che tutti gli uomini usciti dalle quattro città dal primo di quel mese, e che sortirebbero in appresso, dovrebbero mandarsi nell'isola del Gozo, e che i cittadini ascritti soldati volontarj per l'assalto, che si era combinato per la Valletta, fossero disarmati, con dover essere loro somministrata la solita razione: e che tutt'i cittadini abitanti in campagna, già scoperti sospetti d'intelligenza col nemico, in allora in prigione, e quei, che potrebbero essere conosciuti per l'avvenire per tali, dovrebbero, senza indugio, essere confinati nell'isolotto di Comino, sotto pene severe in caso di trasgressione, o fuga.

Un' altra misura diretta per il buon regolamento parve inevitabile in campagna. Molti soldati temerarj andavano inquietando i proprietarj rurali con delle richieste di danaro in titolo di contribuzione, e con frequenti furti. Il congresso prese in considerazione la necessità di agire con rigore, e deliberò nella stessa seduta, che ciascun villaggio dovesse fornire una compagnia di uomini, sotto nome di gente d'armi volontarj, comandata dal rappresentante del casale, per invigilare sulle persone di mala condotta, e per ajutare i capi del distretto in tutt'i bisogni di un interno allarme, e nominò due deputati, a' quali diede esclusivamente il potere di chiedere danaro nei casi di assoluta deficienza, e quelli munì di un certificato sottoscritto dal presidente, e segretario.

I cittadini frattanto rimasti nella Valletta avevano

incominciato a risentire grandemente gli effetti della guerra. Ogni famiglia aveva terminato le necessarie provvisioni, ed ognuno si vedeva costretto di provvedersi di viveri a prezzi eccessivi, i quali non potevano sostenere, per motivo delle contribuzioni, della cessazione di commercio, e sospensione d'introiti dalla campagna. Il povero non aveva più mezzi di sussistere, e per lui tutto era mancato. Il governo riservò per se le poche provviste, che ancor gli rimanevano. L'acqua era ancora scarseggiata dai pozzi, e gli erbaggi più non si vedevano, che in pochissima quantità, dalle produzioni dei fossi coltivati dai Francesi, e di alcune terrazze dei particolari, che avevano ridotti in piccoli orti per loro servizio privato. I patimenti divennero, per conseguenza, insoffribili. A questi si aggiunse il mal di scorbuto, dal quale molti furono sgraziatamente attaccati. Le quattro città si erano ridotte in miseria, e desolazione.

Il governo della campagna era allora bastantemente organizzato, ma i capi de' casali non erano sufficienti. Un'assistenza divenne necessaria per l'esecuzione del nuovo piano. Il congresso pertanto delli 4 Marzo nominò i parrochi Bartolomeo Garaffa, Felice Calleja, e Dr Lorenzo Saliba, per ricevere ed esaminare i memoriali, e darne il loro parere su i decreti. Scelse il generale Vitale, il giudice Giuseppe Calcedonio Debono, e maestro Michele Cachia, per far nota delle persone conosciute nemiche della patria, e di tutt' i loro beni in campagna. E stabilì che Luigi Briffa, Giuseppe Gauci, ed Antonio Parnis, dovessero servire nel porto di S. Paolo in qualità di commissarj di sanità.

Avendo molti de' provveditori rappresentato in quel congresso di ritrovarsi impossibilitati di più oltre mantenere le truppe per mancanza di danaro, nonostante il poco anzi dato ordine per la somministrazione de' grani, orzi, e meschiati, il congresso autorizzò ciascun capo di casale di aprire un impresitito a nome del pubblico col lucro del 5 per cento, con ipotecare li beni, che in appresso verrebbero confiscati, delle persone del partito nemico, ed incaricò i rappresentanti di dar nota distinta di tutt' i beni altre volte amministrati dall'Ordine Gerosolimitano, e dei beni pubblici in generale, esistenti nei limiti dei rispettivi casali.

Una malattia di febbre maligna della più prava natura, che esisteva allora in campagna, prodotta dai patimenti, e grande miseria, faceva rapidi progressi, e tutti gli abitanti avea messo in grande costernazione; il congresso degli 11 Marzo ordinò, che si facesse un cimitero fuori dell' abitato in ogni casale, per non seppellire, come si praticava, nelle chiese parrocchiali, con pericolo d' infettare l'aria, e chiese ad alcuni medici un esame intorno la natura della terribile malattia, i quali in seguito rapportarono sul morbo micidiale, e raccomandarono alcune regole di cura, e di preservazione, onde arrestarne i tristi effetti.

Il congresso, nella stessa seduta, pensò di alleggerire da tante pressanti incombenze, il giudice della Notabile. Autorizzò egli pertanto ogni rappresentante di casale, di decidere da se, o per mezzo di altra persona da lui delegata, tutte le pretensioni di credito e debito, sino a scudi venti, col dritto alle parti dell'appello alla corte della Città Vecchia.

Il congresso mostrava sempre più l' impegno di perfezionare l' incominciata organizzazione del governo. Egli, tostocchè gli fu dai rappresentanti esibita la nota de' beni pubblici ordinata, elesse per suffragj, il barone Gregorio Bonnici, marchese Filippo Apap, barone Gaetano Fournier, ed il cavaliere Francesco Parisio, amministratori di detti beni, e loro diede il potere di gabellarli, ed affittarli in pubblica subasta, e di nominare gli ufficiali subalterni, per l'adempimento del loro affidato incarico.

Egli ordinò ancora il ripristinamento dei dritti di dogana soliti pagarsi per l'addietro, e nominò Luigi Briffa, e Giuseppe Rougemont Mainville, esattori dei dritti di porto in S. Paolo a mare, e Giovanni Azupard, e Claudio Agius, del porto di Marsascirocco, e Marsascala.

In quel frattempo ogni misura militare era sospesa. Le batterie della campagna agivano molto poco, e quelle dei Francesi erano perfettamente in ozio. I due porti di S. Paolo, e Marsascirocco, offrivano all'estero sicuro ricovero, ed un prospero commercio per Malta. In campagna tutto andava perfezionandosi, e tutto prometteva felice avvenimento.

Giunsero allora in Malta i deputati inviati alla corte di Napoli, i quali lessero nel congresso del dì 16 Marzo 1799 i loro carteggj, memoriali, e reali dispacci.

LETTERA

Scritta da Sua Eccellenza il Signor Giovanni Acton, Ministro di Sua Maestà Siciliana, al Ricorso dei Deputati Maltesi.

Illustrissimi Signori,

Sulla richiesta presentata al Re dalle signorie loro illustrissime come deputati del popolo maltese, è venuta Sua Maestà a comandarmi di esprimere quanto siegue, e comunicarlo a loro.

Ha la Maestà Sua sommamente gradito, ed applaudito agli sforzi intrapresi da quelli suoi amati popoli per iscuotere il giogo, che un rapace usurpatore era giunto con manifesto tradimento ad imporli, nella mira di privarli di ogni sostanza, di calpestare la santa Religione, ed erogare quelle isole, patrimonio della corona di Sua Maestà, in posti ostili diretti all' attacco più facile, e spedito della Sicilia. Esortando pertanto di nuovo la Maestà Sua i fedeli suoi sudditi maltesi, e del Gozo, a raddoppiare colla massima energia i mezzi di ogni natura che vengono loro somministrati dal nativo coraggio, e dalla giustizia della santa causa per cui combattono, dichiara che adopererà sempre con efficacia le misure che saranno in suo potere, per cooperare con effetto al successo dei vivi loro sforzi, onde ottenere l'intento di discacciare i Francesi da quelle fortificazioni, ed assicurare specialmente quelli suoi popoli dagli ulteriori danni, e calamità, che il comune nemico cercasse d' infliggere loro.

Ha osservato Sua Maestà dal contenuto della supplica del popolo maltese, conosce, e conviene, che le peripezie recentemente sofferte nel suo regno di Napoli possono aver recato inquietudine in alcuni, e forse allarme in altri, sull' idea, che per motivo delle necessarie difese che richiede urgentemente il regno di Sicilia, venisse ad essere la Maestà Sua meno atta, ed in grado di soccorrere le sue isole di Malta, e coadjuvare le operazioni di quel fedele popolo.

All' effetto però di conciliare tutti gli animi, traquillizzandoli sopra questo assunto, invitarli all' unione, ed al necessario concerto che esige la loro posizione, e rimuovere quella titubanza, che le circostanze potessero eccitare in alcuni individui di quel buon popolo, manifesta Sua Maestà al medesimo, che dalla Sicilia continuerà ad essere concesso a Malta, e con ogni maggior facilitazione, ogni ajuto di viveri, e quanto sarà possibile in altri generi, conforme si è espressa la Maestà Sua sull' assunto con gli stessi deputati.

E siccome le operazioni militari, che dovranno liberare Malta dai Francesi, e difenderla in appresso da ulteriori tentativi del nemico, sono fortunatamente appoggiate mercè il blocco, e l' opportuna direzione di chi lo comanda, alle armi di Sua Maestà Britannica, ottimo, sicuro, e degno alleato di Sua Maestà; così permette ben volentieri il Re, che i popoli maltesi uniscano i loro voti, ed istanze a quelli di Sua Maestà Britannica per mezzo del suo bravo ammiraglio in questi mari, acciò voglia continuare a proteggere efficacemente quest' isola, ed operare per la sua difesa ogni maggiore, e più esteso mezzo sotto qualunque denominazione, o dimostrazione esteriore, benanche che l' ammiraglio Lord Nelson giudicasse di assumerla in nome di Sua Maestà Britannica, per caratterizzare maggiormente la protezione, che concede a quest' isola. Conosce Sua Maestà la lealtà del prelodato suo alleato; ed è inoltre convinta della decisa ottima volontà, e dei sentimenti, come dell' esperienza di Lord Nelson a cui la Maestà Sua ha affidato, ed affida i suoi sacri, e cari interessi.

Tanto mi ha ordinato il Re di manifestare alle signorie loro illustrissime, perchè ne rendano inteso il buono, e diletto popolo maltese, mentre con distinta stima passo a dichiararmi.

Delle Signorie Loro Illustrissime,

Palermo 19 Febbrajo 1799.

Demo, ed Obmo Servidore
GIOVANNI ACTON.

RICORSO

In forma di lettera scritta dai Deputati al Signor Cavaliere Hamilton Ministro Plenipotenziario di Sua Maestà Britannica.

Eccellenza,

Adempiti sono i voti del popolo maltese. Sua Maestà il nostro sovrano si è degnata gradire il ricorso dei rappresentanti del clero, e popolo maltese da noi qual deputati del congresso delli 7 del corrente Febbrajo, umiliato alla Maestà Sua, e condiscendere altresì alle domande di quel popolo, come per dispaccio ministeriale di Sua Eccellenza il cavaliere Acton delli 19 del corrente.

Quindi, in disimpegno del nostro incarico, ci facciamo un dovere di ricorrere a Vostra Eccellenza come ministro plenipotenziario di Sua Maestà Britannica, supplicandola proteggere efficacemente quell' isola, ed operare per la sua difesa ogni maggiore, e più esteso mezzo, sotto l' ottima direzione di Sua Eccellenza Milord Nelson ammiraglio della squadra di Sua Maestà Britannica, la quale ha colmato quell' isola sin adesso da tanti favori.

E per caratterizzare maggiormente tale sua protezione, volesse sin alla fine della guerra unire allo stendardo di Sua Maestà il Re delle due Sicilie, già inalberato sulle fortificazioni, e trinceramenti del popolo maltese, anche lo stendardo di Sua Maestà Britannica, fido alleato della Maestà Sua Siciliana.

Tanto ci diamo l' onore di umiliare all' Eccellenza Vostra supplicandola di gradire il profondo rispetto col quale ci rassegniamo

Di Vostra Eccellenza,
Palermo 23 Febbrajo 1799.

Devmi, ed Obmi Servitori
I Deputati di Malta,
Rettore Ludovico Savoye,
Barone Fournier,
Assessore Luigi Agius.

ALTRO RICORSO

In forma di lettera scritta dai medesimi a Lord Nelson Ammiraglio della Squadra Inglese nel Mediterraneo.

Milord,

Avendo, qual incaricati nel congresso dei capi, e rappresentanti del clero, e popolo di Malta, tenuto li 7 del corrente Febbrajo, umiliato a Sua Maestà il nostro sovrano le loro rappresentanze, ad effetto di permetterli ricorrere alla speciale protezione, e valida cooperazione di Sua Maestà Britannica, Potenza alleata alla medesima, mediante la quale potesse quel Popolo venire a capo di liberarsi dai Francesi, e permettergli altresì inalberare lo stendardo inglese in sin alla fine della guerra; si è degnata la Maestà Sua aderire alle suppliche di quel popolo, e con dispaccio ministeriale di Sua Eccellenza il sig. cav. Acton delli 19 del corrente, ha esternato le sue favorevoli intenzioni.

In conseguenza di tali disposizioni, ci diamo l' onore di ricorrere a nome del clero, e popolo maltese all' Eccellenza Vostra, pregandola guardare quell' isola sotto la speciale protezione di Sua Maestà Britannica, e compiacersi continuare ad adoperare la più valida, ed energica cooperazione in sua tutela. E perchè per il buon esito dell' affare conferisce molto, esservi in terra un comandante inglese, che unendo i vari, e più volte difformi sentimenti dei capi dei battaglioni maltesi, potesse, con una abilità, e perizia militare, prendere quelle più savie deliberazioni, le quali conducono al buon evento; siamo anche incaricati da quel popolo supplicarla designare un comandante ben visto all' Eccellenza Vostra, non tralasciando per altro supplicarla, che essendo presso quel popolo in grande stima l' illustrissimo signor comandante Ball, far cadere tale scelta in persona di quello, con permettergli di sbarcare in terra, allorquando il servizio di mare glielo permetterà, e con poter sostituire per servizio di terra una persona ben vista al medesimo.

Di Vostra Eccellenza,
Palermo 28 Febbrajo 1799.

Devotissimi Servitori,
I Deputati del Popolo Maltese,
Rettore Ludovico Savoye,
Barone Fournier,
Assessore Luigi Agius.

DISPACCIO REALE.

Con Reale Dispaccio è venuta la Maestà Sua ad ordinare quanto segue.

Avendo Sua Maestà con dispaccio dei 21 del cadente accordato a D. Calogero Frangipane, qual procuratore del popolo maltese, la grazia di dover pagare il solo dritto di tratta per intra regno per tutte l' estrazioni degli orzi che si trasporteranno in quell' isola del Gozo, è venuto ora il suddetto Frangipane ad implorare dalla Maestà Sua, che la grazia di sopra espressa s' intenda del pari accordata in sostegno di quegli isolani. Quindi la Maestà Sua è venuta ad accordare all' isola di Malta la stessa grazia accordata a quella del Gozo; onde nel real nome la partecipo a Vostra Signoria per lo adempimento.

Palazzo li 30 Gennajo 1799.

Il Principe di Luzzi.

MEMORIALE

Dei Deputati Maltesi a Sua Maestà Siciliana.

I rappresentanti del clero, e popolo maltese, prostrati col più umile ossequio avanti il suo real trono espongono alla Maestà Vostra, che essendosi compiaciuta per via della sua reale segreteria con due reali dispacci dei 21, e 30 dello scaduto Gennajo, ordinare al tribunale del real patrimonio, che per l' estrazione degli orzi da farsi tanto per l' isola del Gozo, che per quella di Malta, fossero tali isole considerate come infra regno, pagando solamente tarì due per ogni salma d'orzo, si voglia or degnare, per vieppiù dimostrare il suo paterno affetto verso un popolo ridotto oramai all' ultimo esterminio, a causa della guerra, che per il corso di 5 in 6 mesi va così coraggiosamente, ed efficacemente sostenendo colli Francesi, impresa cotanto importante per la tutela degli stati della Maestà Vostra, ampliare l' accordata grazia della minorazione di tratta anche per i grani, che saranno estratti per mantenimento, e sostegno di quella popolazione, e ridurla al pari della tratta d' infra regno; e niente altro.

In oltre supplicano la Maestà Vostra ordinare, che il di più pagato sin al presente per l' estrazione dei grani, ed orzi seguita dal suo regno di Sicilia dal dì 2 Settembre giorno in cui ebbe principio l' insurrezione, e lasciato in deposito presso i rispettivi segreti di diversi caricatori, o scali di Sicilia, fosse raccolto da persona da destinarsi dalla Maestà Vostra, e rimesso alli capi delle truppe maltesi, per sussidio delle grosse spese, che si stanno facendo, per sostenere la guerra, mentre essendosi già i mercanti rimborsati nelle vendite fatte delle somme pagate, oppure depositate per ragione di tratta, non è giusto, che ridondi in loro benefizio la domandata grazia, ma piuttosto in vantaggio, ed utilità di tutto il comune, ed in sussidio delle grandi spese, che si richiedono per lo proseguimento della guerra.

Di tanto gli oratori supplicano alla Maestà Vostra, e tanto sperano di ottenere fidati in quella paterna sollecitudine, che ha verso quel popolo dimostrato.

DISPACCIO

Emanato in seguito del sopradetto Memoriale.

I rappresentanti del clero, e popolo maltese con loro memoriale hanno esposto, che loro fu accordata da Sua Maestà la grazia di pagare solamente tarì due per ogni salma di orzo per l' isola del Gozo, come pure per quella di Malta, dovendosi tali isole considerare come infra regno; quindi hanno implorato, che tale grazia si applicasse pure per i grani, che saranno estratti pel mantenimento, e sostegno di quella popolazione, come pure che tutto il di più pagato sin al presente per l' estrazione de' grani, ed orzi seguite da questo regno dal dì 2 Settembre dell' anno scorso fosse lasciato in deposito presso i rispettivi segreti nei diversi caricatori, e scali di Sicilia, raccolto, e rimesso alli capi delle truppe maltesi per sussidio delle spese, che si vanno facendo per sostenere la guerra.

Fattasi quindi da me presente a Sua Maestà la suddetta supplica, ha la Maestà Sua risoluto, e comanda, che si dia alli supplicanti ciocchè chieggono, ed io nel real nome partecipo a Vostra Signoria questa sovrana determinazione per lo adempimento.

Palazzo 20 Febbrajo 1799.

PRINCIPE LUZZI.

LETTERA

Del Principe della Trabea, Ministro di guerra di Sua Maestà il Re delle Due Sicilie, ai Deputati Maltesi.

Signori,

Il Re della Gran Brettagna fra i tanti chiarissimi saggj, costantemente dati da lui al Re delle due Sicilie nostro signore di sincera corrispondenza, e stretta amicizia in tutti i rincontri, e specialmente nelle attuali urgenze de' tempi, vi è stato quello, di aver intrapreso l'impegno d'impiegare generosamente parte delle sue rispettabili forze marittime per vendicare i torti fatti dai Francesi a Sua Maestà Siciliana coll'invasione dell'isola di Malta, e riacquistare alla stessa Maestà Sua Reale tale dominio, impegno secondato, e portato a buon termine dalla realtà del noto valore, e dalle savie disposizioni dell'illustre ammiraglio Lord Nelson, e del capitano D. Giovanni Ball comandante del blocco di Malta sulla nave inglese l'*Alessandro*. Per la facilitazione di questa impresa Sua Maestà ha somministrato ai fedeli abitanti dell'isola molti soccorsi di viveri, ed altro, e di presente ad istanza delle signorie vostre, qual deputati dell'isola stessa, ha ordinato e disposto che dalla dipendenza d'artiglieria si diano al comandante della fregata inglese la *Terpsicore*, su di cui s'imbarcano le signorie vostre venti cantaja di polvere da guerra, cento cantaja di piombo parte in palle, e parte in pani, e la carta corrispondente per cartucci, per portarsi tali generi in potere del detto Ball, che si prenderà la cura di farli distribuire a quelle persone armate dell'isola di Malta, che sono partigiane della buona causa, ed occupate al discacciamento de' Francesi. Sua Maestà s'augura che, per mezzo de' validi ajuti, e della somma vigilanza del comandante Ball, e della squadra Britannica sotto il comando di lui, e coll'opera de' buoni Maltesi, sarà fra poco ricondotta tutta l'isola all'ubbidienza della Maestà Sua, la quale ha tutta la fiducia così nel valore, nella costante realtà, e nella buona volontà delle armi Britanniche, come nell'ottima volontà, e nel coraggio de' suoi sudditi amatissimi maltesi.

Questo felice augurio ha i suoi forti fondamenti su le ferme assicurazioni dell'ammiraglio Nelson, del comandante Ball, e del governo inglese, di che per ordine di Sua Maestà ne fo intese le signorie vostre per consolazione propria, e de' fedeli, e prodi Maltesi, ai quali è real volontà, che dalle signorie vostre si manifesti l'intero tenore del presente real dispaccio.

Palermo 8 Marzo 1799.

Il Principe della Trabea.

Furono sommamente gradite dal congresso le operazioni dei deputati, e da tutti approvate. Eglino furono ancora ringraziati per la procurata valida assistenza, e per gli ottenuti non indifferenti generosi soccorsi. Il presidente comunicò in seguito in piena seduta l'ordine ricevuto, per mezzo del ministro cavaliere Hamilton, e di Lord Nelson, di assumere egli, a nome di Sua Maestà il Re delle Due Sicilie, il comando di terra di queste isole, col titolo di governatore. Ebbe il novello capo di Malta allora dai rappresentanti vive riprove di loro stima, e tutti a folla si congratularono con lui i suoi amici.

Il governatore prima di separarsi da loro, partecipò al congresso il nobile regalo di sette mila once, che il Re di Napoli avea fatto al popolo maltese, ed a lui inviato, per sussidio, e mantenimento della guerra. Questo non fu l'unico, nè il maggiore in seguito.

In quell'epoca il congresso ricevè dispacci di Lord Nelson. Egli lo informava delle comunicazioni avute dalla corte di Russia, che le sue truppe erano già imbarcate per soccorso di Malta, e che le potenze Russa, Inglese, e Napolitana dovessero unitamente mandare truppe per difendere queste isole sino la pace generale.

Quella notizia apportò molti partiti, ma i rappresentanti formarono nel congresso del dì 11 Aprile una lettera responsiva a quella di Lord Nelson, ed un'altra per l'Imperatore delle Russie.

RISPOSTA

Dei Rappresentanti a Lord Nelson.

Milord,

Noi deputati, e rappresentanti di tutto il popolo di Malta, uniti in pieno congresso, umilmente rappresentiamo, che avendo ricevuto dalla bontà di vostra eccellenza l'intelligenza che i Russi siano attualmente imbarcati per il soccorso di quest'isola, e che le potenze Russa, Inglese, e Napolitana, debbano unitamente mandare delle truppe per mantenere la possessione sino alla pace generale; noi veniamo dalla parte dei Maltesi ad avanzare una petizione alle dette tre potenze per supplicarle respettivamente di commettere il governo di quest' isola alle mani del capitano Ball, attuale comandante del blocco, e delle isole, a cagione della confidenza, che tutti gli abitanti hanno nella sua integrità, suo valore, e suo zelo. Attendendo la risposta che queste tre potenze si degneranno fare a questa domanda; noi vi supplichiamo umilmente di accordarci la stessa grazia, e di confidare le redini del governo nelle mani di colui, il quale ha sì bene meritato di tenerle. E noi v'indirizziamo questa preghiera non solamente come una soddisfazione personale, ma nel pieno convincimento, che niente può così bene assicurarci la tranquillità di questa infelice isola, nè conciliare i disordini che la sua miseria produce. Permetteteci di offerire a vostra eccellenza i nostri umili ringraziamenti per gl' impegni, che avete avuti de' nostri interessi in un tempo, in cui noi eravamo abbandonati all'estremità de' malori.

Siamo,

Devmi, ed Obbmi Servidori.

Malta 11 Aprile 1799.

(Sottoscritti) I Rappresentanti.

LETTERA

Dei Deputati Maltesi a Sua Maestà l' Imperatore delle Russie.

Maestà,

Grande è stata al sommo, ed universale la consolazione in tutto il popolo prodotta dalla notizia comunicataci da questo comandante capitano Ball, di dover ben tosto giungere delle truppe ad effetto di dare unitamente con noi l'ultima mano per l' espulsione de' comuni nemici, e per la tanto desiderata liberazione dell'isola dalle loro vessazioni e tirannie. Tale soccorso non è al certo nè l'unico, nè il primo effetto della reale munificenza, e benignità della Maestà Vostra verso di noi, e ci conviene sperare che non sarà l'ultimo, come umilmente la supplichiamo. Uno fra gli altri favori, che ci lusinghiamo ottenere dalla sovrana clemenza, si è quello di permetterci umiliare al real suo trono, che, dovendo truppe di tre differenti nazioni fare, finchè seguirà l'universale pace, una lunga dimora in quest' isola, potranno facilmente nascere delle spesse dissensioni, e formarsi tra Maltesi dei differenti partiti, con grande pregiudizio della tranquillità, e felicità di quest' isola. Per evitare il qual inconveniente, incoraggiti dall' innata bontà, ed esperimentata clemenza della Maestà Vostra, ardentemente la supplichiamo degnarsi, unitamente colle due sue alleate potenze, stabilire, che l'isola, scacciati totalmente i Francesi, non resti da altre truppe custodita, che dalli soli Maltesi, della fedeltà, e coraggio de' quali ne ha sufficiente prova, i quali saranno ridotti in truppe regolate, e mantenute con quel danaro, che la Maestà Vostra, e le alleate potenze impiegar dovrebbero nel mantenimento delle truppe, che alla custodia dell'isola dovrebbero essere distinati. Dal che, oltre l'evitare il succennato inconveniente, ne seguirebbe pure l'ottimo effetto di occupare, ed impiegare tanti Maltesi, e sollevare in parte l'isola dalla pressante necessità, e miseria nella quale l'arrivo, e la lunga permanenza dei Francesi, l'hanno ridotta. A tale beneficio, ardiamo pure supplicare la Maestà Vostra degnarsi aggiungere ancora un altro di uguale, se non di maggior importanza, per la pubblica tranquillità dell'isola, che è quello di stabilire unitamente alle potenze alleate, dover una sola persona sino alla pace universale, governare, a nome delle tre corone, quest'isola; e siccome il sullodato comandante Ball ha sin al presente dato sufficientissima prova della sua onestà, e capacità per tale incarico, e si è acquistato l'universale amore del popolo per l'attività sua, e suo bel modo di governare, a segno, che ha rimessa, per quanto permetter hanno potuto le presenti dolorosissime circostanze, la tranquillità pubblica, ferventissimamente perciò la supplichiamo degnarsi colle dette potenze unite, non farci da altro governare, che dal solo detto comandante Ball.

Della Maestà Vostra,

Umi ed Obbmi Servidori,

(Sottoscritti) I Rappresentanti.

Accadde in quel tempo nei campi grande inconveniente, il quale divenne oggetto d'inquietudine, e di diffidenza per il congresso. Molti soldati abbandonavano i posti avanzati dopo presa la pietanza. Era allora necessario un pronto riparo. Si ordinò nel congresso del dì 15 Aprile nuova distribuzione di soldati, che i casali dovessero giornalmente fornire ai rispettivi posti.

DISTRIBUZIONE DEI SOLDATI

Per il Campo di S. Giuseppe.

	Soldati		
Siggieui, fornirà ogni giorno Soldati .	86.	volontarj	4
Gargur	38.	detti	2
Attard.	40.	detti	2
Balzan	32.	detti	2
Lia	40.	detti	2
Totale	236.		12

Per la trincera Harhar.

Birchircara.	450.
Musta	80.
Totale	530.

Per la trincera della Marsa.

	Soldati		
Casal Curmi, fornirà ogni giorno Soldati.	150.	volontarj	2
	150.		2

Per Corradino.

Città Vecchia	70.	volontarj	2
Micabiba	30.	detti	2
Luca	35.	detti	2
Crendi	50.		
Chercop	16.	detti	2
Zurico	30.		
Totale	231.		8

Per la trincera del. Borg.

Gudia	32.	volontarj	2
Asciach	28.	detti	2
Zurico	80.		
Tarscien	40.		
Totale	180.		4

Per la trincera Zabbar.

Zabbar	150.	volontarj	
Zeitun	180.	detti	4
Totale	330.		4

In tutto giornalmente Soldati . . . 1787.

Si stabilì indi, che i soldati si dovessero fornire di venti cartucce a palla per ciascuno, e provvedere di pane giornalmente anche nei giorni di riposo, sotto pena della privazione del pane in caso di mancanza, o diserzione, e di essere considerati nemici della patria, con perdere il merito di tutto il servizio prestato, ed il premio che avrebbero il dritto di aspettare.

Per l'esatta osservanza di quelli, ed altri pubblicati regolamenti, il congresso nominò ispettori di tutta la campagna Michele Cachia, Enrico Xerri, Vincenzo Borg, e Filippo Castagna, incaricandoli di visitare i posti, di fare la rassegna dei soldati, e di dare a lui rapporto.

Divulgata appena la voce del prossimo soccorso de' Russi, la popolazione, che non era intesa delle lettere spedite a Lord Nelson, ed a Sua Maestà l'Imperatore delle Russie, cadde in grande spavento, per le false qualificate svantaggiose qualità personali di quei popoli maliziosamente sparse fra il pubblico incolto; il governatore di Malta per Sua Maestà Siciliana emanò un proclama in data del dì 8 Maggio 1799 per assicurare il popolo dell'affetto, e della benevolenza, che eglino professavano verso gli abitanti di queste isole.

Frattanto il governo francese procedeva contro i cittadini con grande rigore, e nessuno di loro poteva vivere con sicurezza. Gli abitanti delle quattro città furono messi sotto la più stretta sorveglianza militare. I soldati guardavano la città di giorno in giorno con molta diligenza. I cittadini non godevano più alcuna libertà, e loro era vietato di uscire dalle case in tutte le ore. La vista di quel contegno decisivo costernò i buoni cittadini nella loro deplorabile situazione, e mise la sorte di quelli incerta, e sempre più infelice.

I balì, e cavalieri del gran priorato di Russia, ed altri cavalieri dell' Ordine Gerosolimitano, radunati straordinariamente in Pietroburgo, formarono un protesto sulla presa di Malta dalla Republica Francese, e lo presentarono dai loro deputati a Sua Maestà Paolo Primo Imperatore di tutte le Russie, del qual protesto spedirono copia in Malta, e fu letta in congresso.

Nello stato di confusione in cui si trovavano i Francesi, i contadini ripresero con più calore le ostilità, ed inquietavano l'inimico con frequente bombeggiamento. Gli sfortunati abitanti della Valletta si vedevano prendere in massa il permesso di sortire in campagna, per liberarsi dal pericolo imminente della morte, e dalle oppressioni.

In quella crisi le provvisioni erano per tutti scarseggiate notabilmente in Valletta, per cui i lacci dell'ostinata resistenza dei Francesi andavano rompendosi da se stessi. La malattia dello scorbuto faceva grande strage a proporzione della mancanza dei cibi sani. La capitale era in preda alla desolazione.

Si consolarono però i Francesi per pochi giorni. Eglino più non videro l'armata inglese. Supposero esservi rottura fra i Maltesi, e gl' Inglesi.

In quel frattempo videro spuntare due legni provenienti da Siracusa. Il contrammiraglio Villeneuve fece subito sortire dal porto piccole galeotte, e quattro scialuppe per portarli a loro. Egli fu fortunato nella sua impresa. Seppero allora da quelli, che un corriere spedito da Palermo in quella città avesse rapportato, che un' armata francese si trovasse nel Mediterraneo. La notizia apportò ai Francesi indicibile contento, ma senza effetto.

Pochi giorni dopo ricomparve l'armata inglese, che era disparsa da Malta per quindici giorni circa, per causa della squadra francese nel Mediterraneo.

Dopo il ritorno degl'Inglesi, i Francesi cominciarono a dubitare dell'esistenza della squadra, dalla quale molto speravano, e non seppero a qual motivo attribuire l'allontanamento degl'Inglesi dal blocco.

Se il blocco si fosse ripreso alcuni giorni dopo, il generale Vaubois (come dice Ransijat nel suo giornale del blocco di Malta) avrebbe eseguito il piano proposto di tentare uno sbarco in Comino, e nella Cala della Melleha, per provvedersi di fresche frutta, ed erbaggi; il quale dovea effettuarsi di concerto colla marina, e colle truppe della guarnigione.

Il bisogno di danaro cresceva sempre più nella Valletta, e la tassa ordinata sotto titolo d'imprestito non avea avuto effetto, che in parte, e da pochi. Il governo risentito della disubbidienza, con un proclama inflisse la pena di subastare i mobili di tutti quei, che dopo piccola ottenuta dilazione non soddisfacessero tosto l'imposto pagamento.

In quel tempo i contadini nudrivano ancora con

energia determinata l'idea di sbarazzarsi completamente de' loro ostinati nemici. Si progettò di dar loro le rimostranze di loro risoluzione per mezzo di un fuoco generale da tutte le batterie in un tempo. Quello si eseguì, e divenne violento. I Francesi si sorpresero della forza contraria, ed il timore fra i Maltesi si sparse per tutte le quattro città. Ciò nondimeno l'inimico corrispose furiosamente, e l'azione militare durò quasi tre ore, con piccola perdita dei campagnuoli.

In campagna aveano costrutto altre due batterie, l'una nella Cala di S. Giorgio, e l'altra tra forte Ricasoli e Marsascirocco. I Francesi avevano supposto, che i preparativi fossero diretti, per impedire qualche sbarco, che si temeva dell' armata francese nel Mediterraneo, e sperarono un' altra volta il soccorso, che eglino aspettavano da quella con molta ansietà. Vollero quelli credere ancora, che l'armata fosse stata diretta per la Sicilia, e che questa depressa dalla forza, e presa, i Francesi avrebbero loro fornito le necessarie provvisioni malgrado il blocco.

Furono però ingannati nelle loro speranze. Da alcuni fogli italiani, e da lettere loro mandate dagl' Inglesi conobbero, che l'armata fosse stata veramente nel Mediterraneo, ma essendo stata quella dispersa da tempesta, una porzione si trovasse in Cartagena, e l' altra in Roses, dove pericolava di essere bloccata, o battuta da 56 legni inglesi, che anche si vedevano nel Mediterraneo, se avesse osato di uscire da quei porti. Una delle lettere così terminava "che perciò il governo francese non potendo più avere alcun soccorso, non gli resta altro partito a prendere, che quello di rendere la piazza."

Ebbero il contenuto della lettera in ridicolo, e giudicarono essere stata quella dettata dagl' Inglesi per iscoraggirli. Essi risolvettero piuttosto di conservare sino all' ultima estremità questa importante isola alla republica.

Nel mese di Giugno 1799 si rimise nella Città

Vecchia l'antica corte. Quella nel congresso del primo Luglio, presieduto dal capitano Vivian, luogotenente del governatore, allora assente da Malta, pretese di privare i rispettivi capi dei casali di alcune autorità godute dal magistrato per l' addietro. La proposizione si discusse, e fu deciso, che i capi dei villaggi dovessero mantenersi nel primiero dritto loro accordato dal congresso sin dal principio di sua erezione.

La popolazione del Gozo parendole molto vantaggioso per il suo commercio di fissare in quell' isola i dipartimenti di sanità, e della dogana, deputò il canonico arciprete per avanzare la sua rappresentanza al congresso. Eseguì quegli l' incarico, e nella seduta del dì 15 Luglio, in presenza del presidente che era arrivato in Malta, propose la mozione, alla quale fu risposto come siegue.

DELIBERAZIONE.

Avendo il signor arciprete del Gozo a nome di quella popolazione presentato a voce al congresso la domanda, che per regolare il commercio, e provvedere quell' isola dei necessarj viveri, bisognerebbe erigere nella medesima le due officine di sanità, e di dogana dirette, ed amministrate da due commissarj nominati dall' isola di Malta, che deve essere riconosciuta come la madre patria, ed essendosi considerato dopo le più mature riflessioni, che ciò forse ridonderebbe in isvantaggio della sicurtà, e salute pubblica, ed agli interessi della dogana, potendosi facilmente commettere delle contravenzioni nelle spiagge, e seni del Gozo, sbarcando nascostamente delle merci ; si è risoluto, che queste due officine di sanità, e dogana debbano solamente risiedere in Malta, dove già si trovano erette, come si è sempre usato per l' addietro, con quella differenza però, che non sarà mai lecito, sotto qualunque pretesto, scaricare nel porto di S. Paolo verun legno, o speronara venuta per conto dei mercanti del Gozo, ma approdandosi in quel porto si debba fare la dovuta visita, manifestare la qualità, e quantità delle merci, e pagati i dritti di dogana, rimandarle così cariche nel Gozo munite dell' opportuno certificato della pratica avuta, e respettivamente della dogana.

Il congresso tutte avea sin allora prese le misure civili, e militari le più espedienti, e tutte avea regolato le risorse del paese; si propose pertanto non esservi bisogno di unirsi regolarmente, e furono ristrette le sue sedute al solo caso di necessità precisa.

Alla costernazione in cui si trovavano i Francesi, loro aggiunsero i contadini uno spavento terribile. Nel dì 29 Luglio 1799, alle ore 12 di mattino, le fortificazioni della Città Vecchia, e le batterie della campagna fecero un saluto generale, al quale risposero i vascelli del blocco con una salva di 21 tiro per ciascuno, e nella notte di quel giorno, una brillante illuminazione si fece ancora in tutt'i casali, ed in Città Vecchia, accompagnata dal suono di tutte le campane delle chiese. Ciò fu segno di giubilo per la presa di Napoli dal potere dei Francesi.

Lo spettacolo di fuoco, e di festa, destò nei Francesi curiosità interessante. Alcuni lo considerarono come immaginario del tutto, ed altri credettero che una vittoria riportata dagl' Inglesi sull' armata francese nel Mediterraneo fosse stata di quel contento la cagione. La loro curiosità però fu soddisfatta fra poco tempo, e con non piccolo loro dispiacere.

Avevano cessato i contadini allora per molti giorni d'inquietare l'inimico, e tutta la campagna, ed i Francesi presero tranquillo riposo. Ciò fece credere ai Francesi, che la diminuzione delle munizioni, delle quali si era fatto grande consumo in campagna, fosse stato il motivo, che avea indotto i suoi abitanti a non perseguitarli.

Non fu però così. I contadini fecero un'altra volta improvviso fuoco nel dì 28 Agosto da tutte le parti. Molti Francesi, e Maltesi, morirono in quell'azione. Il combattimento durò più ore, e fu memorabile. I campagnuoli furono arditi all'eccesso. Eglino attaccarono il nemico per fino da sotto le mura della città colle fucilate, e diedero grandi prove di loro bravura.

Le necessarie spese per lo mantenimento di un corpo di truppe sufficienti al buon esito della guerra, richiamarono la considerazione del congresso. Nella seduta del dì 9 Settembre quello fu costretto di stabilire, che le rendite di tutt' i beni esistenti in queste due isole, spettanti a persone domiciliate fuori di queste possessioni, dovessero quelle di Malta percepirsi metà dai battaglioni, e metà da' loro rispettivi procuratori, e quelle del Gozo, metà dagli amministratori de' beni pubblici, con fornire una metà di quella al procuratore dei due ospedali del Gozo, e l'altra metà in vantaggio dei battaglioni di Malta;

Che le rendite de' beni delle chiese della Valletta, ed altre città, dovessero, previo il permesso avuto dal vicario capitolare, essere esatte interamente dai rappresentanti in beneficio dei battaglioni, con ipotecare i beni pubblici per il loro rimborso, a norma di quel, che si era prescritto intorno ai beni della mensa vescovile, nel dì 26 Agosto, le rendite della quale furono ancora assegnate a favor delle truppe.

Parve allora al comandante Ball troppo spiacevole qualunque altra dimora della guerra. Pensò egli pertanto di proporre al governo francese la capitolazione. Spedì a tal' effetto un suo ufficiale con lettera d'invito, ed alcuni fogli annuncianti la pronta armata russa di terra per soccorso di Malta. I Francesi rigettarono la proposta, e sospettarono che le gazzette loro mandate fossero state stampate in Sicilia ad arte. Eglino avevano ancora nei loro magazzini diciotto mila, e sei cento salme grano, cosicchè potevano sostenere la guerra senza alcuna difficoltà.

L' epidemia dello scorbuto, che vi esisteva nella città era quasi cessata in quell' epoca. Si contarono morti da quella malattia sino Agosto 1799, militari 555, abitanti 2468. La perdita fu calcolata grande, attesa la limitata rimasta popolazione nelle quattro città, dopo l' espulsione in campagna di tredici mila individui circa.

Nel mese di Settembre giunse in Malta la stessa armata portoghese, che aveva incominciato il blocco, e quella si unì all' Inglese. Il marchese di Nizza che la comandava mandò allora un parlamentario con una lettera al generale Vaubois dimandandogli un abboccamento. Il generale accettò l'invito, supponendo che il comandante portoghese volesse parlargli di tutt'altro, che di capitolazione, giacchè pochi giorni prima aveva rifiutato di ciò fare al comandante inglese Ball. La conferenza seguì nel giorno appuntato verso mezzo giorno in forte Manoel, ed il marchese di Nizza non intervenne solo, ma fu accompagnato dal comandante Ball, e da altro ufficiale inglese. Al primo proferire il marchese, capitolazione, il generale Vaubois lo interruppe, e gli disse: "Signor marchese io vi ho accordato l' incontro, che voi mi avete chiesto, perchè era nella ferma persuasione, che non vi sarebbe fra noi questione nè di capitolazione, nè di tutt' altro che potesse avere rapporto alla resa della piazza, e se voi volete continuare ancora di parlare di questo, io vi dichiaro, che da quest'istante la conferenza è finita." Allora il comandante Nizza ebbe a cambiar discorso, e parlare di cose indifferenti. La conferenza terminò in poco tempo, ed i due comandanti si congedarono, e passarono, come furono ricevuti, in mezzo ai soldati sotto le armi. I Francesi non cessarono di ripetere a duplicate grida nel momento del loro passaggio, Viva la republica! Viva Bonaparte! Viva Vaubois! Vivano i bastioni di Malta! Piuttosto la morte, che capitolazione!

Era mancata allora un' altra volta in campagna la moneta per lo mantenimento delle truppe, e la miseria era cresciuta di molto. Il congresso, considerando non sufficienti le prese determinazioni, pensò ad appigliarsi ad altre risorse. Ordinò con un proclama una settimanale contribuzione su i negozianti, e bottegai da tassarsi dai rappresentanti, non eccedente scudi due e tarì sei, ed una raccolta nei casali da convertirsi in compra di rotelle da filare, e di cotone, in sollievo delle povere donne disoccupate.

La contribuzione su i bottegai ebbe cattivo effetto. Quelli incarirono in pochi giorni tutt' i generi di prima necessità, e la popolazione si vide aggravata. Nella seduta del dì 7 Ottobre si decretò, che la tassa ordinata per i bottegai cessasse, ed in vece si dispose, che i medesimi dovessero pagare una pena pecuniaria ben vista ai rappresentanti, e loro comitato, nei casi di contravvenzione alle leggi su i pesi e misure, convertibile a favor dei battaglioni.

In Novembre 1799 molti Maltesi del Zeitun, e Zabbar, cercarono i mezzi d'inquietare l'inimico in una maniera niente necessaria, e troppo pericolosa. Penetrarono di notte tempo nel palazzo Bichi situato in una collina nel gran porto tra castel St Angelo, e forte Ricasoli, e si misero a rompere tutte le sue porte, e finestre. I colpi degli strumenti si sentirono nella Valletta e destarono grande curiosità. Allo spuntar del giorno l' ajutante generale Brouard si portò colà con un distaccamento di soldati. Egli vide l'incominciata operazione, e nella notte seguente si nascose coi suoi soldati, per sorprenderli, e farli prigionieri. Tutte le misure concertate col generale Vaubois fecero sperare felice successo, ma un movimento fatto dai Francesi avanti il segno combinato, impedì non solamente la riuscita, ma la rese in vece funesta. I campagnuoli, che ritornarono, per continuare la loro impresa, all'avvedersi del nemico, fecero, prima di fuggire, una scarica di moschetteria, uccisero due Francesi, e ferirono altri tre gravemente, fra i quali lo stesso ajutante generale Brouard, e l'ajutante Ricard.

I contadini premurosi ognora di sollecitare la terminazione della loro lunga guerra, pensarono di prendere la misura altre volte da loro praticata di un ostinato bombeggiamento. Quella fu eseguita in Dicembre 1799, e per tre giorni continui. L'azione fu spaventosa, e molte fabbriche furono dal fuoco danneggiate. I Francesi avvezzi sotto tutt' i rapporti all' esercizio militare, ed al pericolo, furono capaci di sopportare tutta l'energia della violenza rivoluzionaria.

Gli abitanti della Valletta si trovarono in quello spettacolo di confusione senza speranza di sottrarsi dal pericolo. L'unica loro risorsa per l'avvenire fu quella di sortire in campagna. Altre due mila persone infatti lasciarono in pochi giorni disperatamente le città.

Il governo francese, per animarli, loro permise di seco portare poche robe su piccole carrette. I cittadini con permesso per la campagna si facevano radunare in massa dietro la Porta Bombe, ed uscire dalla porticella. Ciò spesso produceva confusione, e gli ufficiali incaricati del buon ordine, commettevano in vece disordini. Il governo, per impedire qualunque inconveniente, ordinò diversi regolamenti.

Quelli però non bastarono. Il governatore Ball guardava di mal animo la posizione sfortunata dei cittadini. Penetrato da vero disgusto decise di portarsi in persona dietro la Porta Bombe, e chiedere al generale Vaubois, che fosse quella aperta interamente nel farli sortire per la campagna. La sua preghiera fu accolta, e tutt' i disordini cessarono allora.

Fu cosa certa che i Francesi avevano deciso di spogliare i Maltesi, e tutte le istituzioni pubbliche. Eglino, non essendo riuscita per intero la vendita dei pegni del Monte, determinarono di farne lotteria del resto, la quale nè anche ebbe il suo pieno effetto. Fecero allora privato acquisto di quel che era rimasto, insieme col governo, molti degl'incaricati per quell'operazione. I depositi di quell'istituto furono calcolati nove cento mila franchi circa.

Nel congresso del dì 13 Dicembre 1799 fu rapportato, che alcuni negozianti comprassero in società tutt' i viveri provenienti da esteri paesi, con venderli indi a bottegai a prezzi eccessivi. Il congresso, per arrestare il pregiudizievole monopolio, credè proprio di ordinare la formazione di una cassa da essere amministrata dai Giurati, e li incaricò di comprare i commestibili portati in Malta, e distribuirli a tutt' i venditori dei villaggi a proporzione delle loro popolazioni. A tal oggetto furono nominati il capitano di verga barone Francesco Gauci, ed il parroco Bartolomeo Garraffa, per aprire un imprestito per un anno, col lucro del sei per cento, e coll' ipoteca dei beni dell'Università della Notabile.

Era arrivato di recente in campagna il cavaliere Italiski, consigliere di stato di Sua Maestà l'Imperatore di tutte le Russie. Quel ragguardevole personaggio fu dal governatore Ball presentato nel congresso del dì 30 Dicembre. Spiegò egli allora la sua commissione, e diresse loro il seguente discorso.

DISCORSO

Del Cavaliere Italiski.

Sua Maestà l' Imperadore di tutte le Russie, condiscendendo ai desiderj dei balì, gran croci, commendatori, e cavalieri dell' illustre Ordine di S. Giovanni di Gerusalemme del gran priorato delle Russie, ha accettato il titolo di gran maestro dell' Ordine.

La Maestà Sua prendendo in tal guisa quest' Ordine sotto la suprema sua direzione, non ha al certo altra mira, che quella di metterlo nello stato rispettabile che conviene allo scopo salutare della sua istituzione. Le potenze amiche della Russia sono di ciò persuasissime. Sua Maestà l' Imperarore Re d' Ungheria, e di Boemia, ed ultimamente Sua Maestà il Re delle due Sicilie, hanno voluto, ed ordinato, che i gran priorati de' loro rispettivi stati riconoscessero Sua Maestà l' Imperatore di tutte le Russie per gran maestro dell' Ordine di S. Giovanni di Gerusalemme, e gli prestassero in conseguenza gli atti di ubbidienza, e di sommissione.

Il gran priorato di Boemia in esecuzione di tali ordini, ha mandato deputati in Pietroburgo, i quali sotto li 14 Agosto del corrente anno prestarono a Sua Maestà l' Imperadore gli atti suddetti di ubbidienza, e sommissione. I priorati del regno delle due Sicilie hanno anche eglino adempiti gli ordini del loro sovrano.

Signori, io vi do tali notizie dello stato delle cose che riguardano il detto Ordine, per passare indi a comunicarvi la commissione della quale Sua Maestà Imperiale, mio augusto Sovrano, si è compiaciuto incaricarmi, relativamente a voi, ed a quest' isola, i quali entro a dettarvi.

Io mi sono dimenticato, o signori, d'informarvi, che il Barone Hompesch si è volontariamente dismesso dalla dignità di Gran Maestro, e per tale fine ha scritto una lettera a Sua Maestà Imperiale presentatagli in Pietroburgo dalli deputati del priorato di Boemia, della quale ho il piacere di comunicarvi copia, e traduzione.

" Sire,

" Se si degnerà la Maestà Vostra rammemorare essere stato io il primo a porre con rispettosa fiducia sotto la possente protezione di Vostra Maestà Imperiale l' Ordine di S. Giovanni di Gerusalemme, del quale me ne era stata conferita la direzione, rimarrà certamente sicura, che ancor io sono stato il primo a benedire la Maestà Vostra per la parte che ha dimostrato prendere per l' interesse della Religione dopo i sofferti disastri, che l' infelice suo capo ebbe il dolore di non aver potuto impedire, e dei quali egli si sarebbe stimato molto felice, se solo fosse stato la vittima.

" L' attaccamento, sire, a' miei doveri, ed alla Religione, m' impone la legge di sacrificare tutto a migliorire il suo stato, e di togliere qualunque ostacolo che la mia persona apportar potrebbe alla sua riunione, ed al suo totale ristabilimento, dimettendomi, come fo volontariamente, dalla dignità di Gran Maestro.

" La mia coscienza, sire, e l' approvazione che ne aspetto dalla giustizia di Vostra Maestà Imperiale, saranno la mia unica consolazione, e nessuno certo più di me prenderà viva parte ai vantaggi che ne risulteranno per l' Ordine sotto i gloriosi auspizj di Vostra Maestà Imperiale, la quale l' Europa tutta riconosce per suo difensore, e salvatore."

Signori, Sua Maestà Imperiale si occupa con paterno affetto, e sollecitudine del vostro buon essere, e della vostra felicità; nè cesserà mai di prendere il più vivo interesse. Voi avete col vostro coraggio forzato l' inimico di ritirarsi, e rinchiudersi nelle fortezze. La squadra di Sua Maestà Britannica con un ammirabile blocco, e senza esempio l' ha ridotto all'estremità. Voi avete da poco tempo a questa parte buon numero di ottime truppe da terra dello stesso sovrano. Un corpo di truppe Imperiali Russe è arrivato in Napoli, il quale, da una rispettabile squadra trasportato, comparirà quì, subito che i venti lo permetteranno. Allorchè tutte tali forze saranno unite, vi sarà motivo di essere non men persuaso che sicuro, che la resa della Valletta non potrà tardare molto a succedere.

Resa una volta libera l' isola dal nemico, ritornerà la perduta tranquillità, della conservazione e durata della quale se ne renderà garante la Maestà Sua Imperiale, e le due corti alleate, cioè quelle della Gran Brettagna e delle due Sicilie.

La sede dell' Ordine di S. Giovanni di Gerusalemme è stabilita nella Russia. Malta e sue adjacenze formeranno un gran Priorato a favore e vantaggio dei patrizj maltesi.

Il governo sarà nelle mani di persone del paese scelte a norma delle leggi dello stesso, le quali dovranno per altro essere dall' Imperatore confermate, e subordinate al governatore di Malta, che nominerà Sua Imperiale Maestà.

Ognuno sarà rimesso nel pacifico possesso delle proprietà sue.

Tutto l' universale popolo continuerà nel godimento degli antichi dritti e privilegj, dal più volte nominato Ordine accordatigli. Il suo commercio sarà efficacemente protetto da Sua Maestà Imperiale, e per rendersi il medesimo sempre più florido, e vantaggioso, potrà questa popolazione ottenere dalla benefica imperiale munificenza ulteriori vantaggi, e privilegj esclusivi.

Molto felice mi reputo, o Signori, di essere stato precelto ad annunciarvi così fauste notizie, ed osservando che siansi nei vostri animi destati i più vivi sentimenti di giubilo, non che di riconoscenza, e gratitudine, mi recherò a gran pregio l' umiliare l'espressione alla Maestà Sua Imperiale, dell' aggradimento della quale pienamente vi assicuro.

Per altro continuate, signori, la lodevole, ed esemplare condotta, che sino al presente avete tenuta sotto la savia direzione del degno vostro governatore, il quale ha tutto il zelo, e tutti quei necessarj talenti, che contribuir possono al vostro ben essere, ed al mantenimento del buon ordine, del che ve ne ha già date delle luminose riprove, e per le quali le Maestà Loro, l' Imperatore mio padrone, il suo proprio sovrano, ed il re delle due Sicilie l' onorarono del loro gradimento.

Accolsero con molta soddisfazione i membri del congresso le notizie loro recate dal cavaliere Italiski a nome di Sua Maestà Imperiale. Eglino diressero a lui i loro ringraziamenti per mezzo di una lettera, e lo supplicarono di umiliare un' altra al suo sovrano dello stesso tenore.

LETTERA

Scritta al Cavaliere Italiski.

Eccellenza,

Tenutissimi ci dobbiamo dichiarare verso l' Eccellenza Vostra di quanto si è degnata comunicare per parte di Sua Maestà l' Imperatore di tutte le Russie a questo congresso, come pure della protezione accordata nelle presenti circostanze, e delle favorevoli intenzioni manifestate per queste nostre isole, alla quale preghiamo di cooperarsi presso Sua Maestà, perchè si degni aggiungere una non minore grazia ad affetto, di confermare nella sua commissione

Sua Eccellenza il signor comandante Ball, il quale ha meritato l'acclamazione di tutto il popolo, ed il gradimento delle tre potenze pel governo delle medesime.

Supplichiamo Vostra Eccellenza, come degnissimo ministro di tanto sovrano, di gradire i nostri rispettosissimi ringraziamenti, e degnarsi umiliarli a piè del trono della Maestà Sua come omaggio sicuro di quanto ci detta la riconoscenza, ed il rispetto col quale ci protestiamo

Dell' Eccellenza Vostra,

Devmi, ed Obbmi Servidori.

(Sottoscritti) I Rappresentanti.

LETTERA

Scritta a Sua Maestà l' Imperatore delle Russie.

Maestà Imperiale,

Nella maggior costernazione in cui si viveva qui in Malta, e Gozo, attesa l'usurpazione de' banchi pubblici commessa dai nemici, ascendente presso a cinque milioni di scudi maltesi, il notabilissimo discapito de' nostri privati interessi, ed il continuo pericolo di perdere la vita stessa, che subiamo in sin dal principio di nostra mossa, niun'altra cosa potea riuscirci di sorpresa quanto grande, altrettanto piacevole, che i sentimenti di Vostra Maestà Imperiale in nostro favore comunicatici in pubblico congresso dal cavaliere Italiski. Se ci fosse lecito umiliare alla Maestà Vostra Imperiale con tutta libertà delle suppliche per procurarne la nostra futura felicità, certamente non potremmo comprometterci maggiori vantaggi. Per sì favorevole e spontanea intenzione di Vostra Maestà Imperiale in nostro pro, ci mancano espressioni valevoli per significare i sentimenti di nostra servitù non men fedele, che costante. Resteremo perpetuamente grati, e riconoscenti verso sì singolare benefattore, e pregheremo incessantemente il buon Iddio per l'esaltazione, e l'ingrandimento di Vostra Maestà Imperiale, onde più agevolmente potrà umiliare, ed annientare il nemico della religione, e della pubblica universale tranquillità. Assicurati poi dal mentovato cavaliere Italíski, che la condotta di questo comandante Alessandro Giovanni Ball, governatore presente di queste due isole, abbia incontrato l'approvazione di Vostra Maestà Imperiale, noi, che della medesima sua condotta, tutta tendente al nostro comun bene, abbiamo avuto infinite ed incontrastabili riprove, ci facciamo arditi a supplicarla di accordarci, unitamente colle altre due alleate potenze, che egli continui ad essere in testa del governo di queste due isole. Il di lui singolare talento e zelo, divenuto oggi mai a tutti noto, e l'impegno che dimostra la Maestà Vostra Imperiale ad avvantaggiarci, ci fanno sperare questa grazia, che umilmente supplichiamo. E pregando la Maestà Vostra Imperiale a continuare sì buona volontà, e paterno amore per noi, tutti ossequiosi ci dichiariamo

Della Maestà Vostra Imperiale,

Umi ed Obbmi Servidori,
(Sottoscritti) I Rappresentanti.

L' ordine del 13 Decembre non essendo stato eseguito letteralmente, il congresso del dì 7 Gennaro 1800 statuì, che i deputati dei porti dovessero fissare i prezzi dei viveri arrivati in campagna, venderli ai tenitori di botteghe autorizzati con permesso dai rappresentanti, e loro consegnare biglietti denotanti i prezzi delle fatte compre, e che dalla cassa ordinata, dovessero i Giurati comprare unicamente frumenti ed orzo, per servizio pubblico, con ipotecare non solo i beni dell'Università, ma anche tutti i nazionali in cautela de' capitali che abbisognerebbero.

Il vicario canonico D. Salvatore Susano fu uno dei primi a dimostrare alla nazione l'impegno per la formazione di quella cassa, ed offerì senza lucro la somma di scudi due mila di proprietà di un legato pio, e tutte le partite di danaro ancora appartenenti a simili luoghi, che di mano in mano si andavano introitando, col lucro solamente del tre per cento.

Egli inoltre, non contento della fatta generosa offerta, comunicò al congresso la sua idea di nominare uno o più economi, per esigere tutte le rendite delle prebende canonicali, e parrocchiali allor vacanti, con ordinare ai medesimi di depositare nella corte provicariale tutte le somme introitate, e quelle convertire una metà in limosina ai poveri, e particolarmente in mantenimento dei bambini alunni, e l'altra metà in quell'uso che il congresso avrebbe destinato.

Il progetto fu applaudito da tutti del congresso, e deliberarono, che dalle rendite de' beni pubblici sarebbero, restituita la pace, rimborsate le somme prese dalle suddette prebende, e fondi ecclesiastici.

I contadini frattanto, colla loro attività instancabile, e coraggio, brillarono sempre in mezzo alle difficoltà, ed ai pericoli. Eglino col secreto, e colla prontezza, costruirono una trincera nelle vicinanze di forte Ricasoli, la quale impediva ai Francesi di anche pescare in quella contrada.

Aveva forte speranza il governo francese nel convoglio spedito da Tolone per Malta, con quattro mila soldati, e provvisioni, di cui ebbe notizia poco tempo prima. L' ammiraglio inglese incontrò in quel momento altri legni francesi, e depredò parte di loro, a bordo de' quali trovò due lettere dirette, una al generale Vaubois, e l' altra al generale di marina. Quelle informavano il governo, che il soccorso da loro con premura atteso, fosse stato intercettato e disperso. Al loro ricapito in campagna furono tosto inviate con un parlamentario a chi erano dirette; e si fece in quella sera brillante illuminazione in tutte le batterie, e casali. Il rapporto fu pei Francesi dispiacevole, e si videro completamente sfortunati.

Il generale Vaubois in quella circostanza giudicò proprio di consultare i suoi generali, e di seriamente esaminare come potessero salvare questa importante isola alla repubblica. Fu deciso di far partire immediatamente per la Francia il vascello *Guillaume Tell*, e portare provvisioni. La spedizione non fu mal combinata, ebbe però infelice incontro. Quello divenne preda degl' Inglesi, e così tutte perdè il nemico le sue speranze.

I comandanti inglesi in Malta tentarono, dopo la depredazione del vascello *Guillaume Tell*, di proporre un'altra volta la capitolazione; ma il governo francese rispose in termini precisi, che qualunque accidente potesse mai accadere, non avrebbe giammai cambiato la ferma risoluzione presa dal generale Vaubois dal principio del blocco, di sostenere la guerra sino all' ultima estremità.

Quando in Maggio 1800 il commodor Troubridge, comandante in capite la squadra di Sua Maestà Britannica al blocco di Malta, verso di cui i Maltesi furono sommamente obbligati per la grande vigilanza, e costanza, in mantenere così lungo, e stretto blocco al porto della Valletta, ebbe l' ordine di ritornare in Inghilterra, i rappresentanti gli diressero una lettera di ringraziamento, accompagnata da un dono di argento, in cui vi furono scolpite le armi di Malta, ed un'iscrizione esprimente, essere quello un piccolo omaggio di riconoscenza della nazione maltese, in memoria di tanti favori ad essa da lui compartiti.

Il governatore Ball, nel congresso del 13 Giugno 1800, tenne grave discorso. Fece egli osservare a tutti, di essere arrivato il tempo di porre fine all' intrapreso assedio, e d' incominciare ad agire con vigore, per obbligare il nemico ad abbandonare le occupate città, e così riacquistare ognuno la primiera tranquillità, e pace. Fece egli ricordare a tutti ancora, che le truppe arrivate, pochi mesi addietro, di Sua Maestà il Re della Gran Brettagna, e di Sua Maestà il Re delle Due Sicilie, fossero state principalmente inviate in sollievo ed ajuto di questa nazione, per ottenere il desiderato fine della resa della piazza. Egli infine loro comunicò un invito del brigadiere generale Graham, ed un suo regolamento, per la formazione di varj battaglioni in grado di volontarj. Quello fu pubblicato, come siegue.

Il Capo di Malta, e Gozo.

Avendomi il signor brigadiere generale Graham, comandante le truppe tutte alleate in quest' Isola, comunicato un invito a tutto il popolo maltese, per formare varj battaglioni di volontarj, per poter colle altre truppe obbligare i comuni nemici ad abbandonare le città da loro occupate, e sollecitare la nostra entrata in esse città, avendo io trovato tale invito molto giusto, ed uniforme al mio pensare, lo comunico a tutti questi fedeli popoli, assieme col regolamento di tali battaglioni, che formar si dovranno, ed invito ancor io tutt' i fedeli patriotti, e li consiglio ad unirsi per concorrere a facilitare il desiderato fine di questa guerra, ed al sollecito ottenimento della bramata vittoria.

Il Generale Graham ai Maltesi.

Bravi Maltesi,

Voi vi siete resi interessanti, e cospicui a tutto il mondo. L' Istoria non presenta un più sorprendente esempio. Dati in preda ai vostri invasori, privati dei mezzi di resistenza, un' eterna schiavitù sembrava dover essere il vostro inevitabile destino.

L' oppressione, il sacrilegio de' vostri tiranni, divennero insoffribili. Senza considerare le conseguenze vi determinaste a vendicare a qualunque costo i vostri torti; senza armi, senza le risorse della guerra metteste in pezzi le vostre catene.

Il vostro patriottismo, il vostro coraggio, la vostra Religione supplirono a tutte le mancanze. La vostra energia comandò la vittoria, ed un nemico formidabile alle più disciplinate truppe dell' Europa, in ogni punto cedè ai vostri imparagonabili sforzi, e nascose la sua disgrazia al di là dei rampari.

I coraggiosi battaglioni dei casali li hanno d' allora in poi ivi confinati, colla vigilanza, e la pazienza degna della causa della libertà.

Domandaste assistenza. Le potenze che agiscono in alleanza per il sostegno della civile società, e della Religione, si affrettarono al vostro sollievo. Armi, munizioni da guerra, danaro, e frumento, furono a voi somministrati; le loro navi hanno intercettato i soccorsi ai vostri nemici.

Il mio padrone, sovrano di un popolo libero, e generoso, mi spedì con un pugno di uomini per sostenervi, finchè un' imponente forza sarebbe apprestata per la riduzione della Valletta; ma le circostanze della guerra l'hanno sinora ritardata: intanto questo è un prezioso momento, e non deve essere perduto.

Cosa dunque deve farsi, per profittare di sì favorevole congiuntura? Io anticipo la vostra risposta. Voi siete di nuovo pronti ad unirvi in massa per compire la gloriosa opera che incominciaste.

Alle armi dunque, o Maltesi, sia l' universale grido dell'isola. Per Dio, e per la patria. Chi vi è così sordo ad ogni sentimento di dovere, e di onore, che non ubbidirà volentieri a tal' invito? Niuno, niuno, se non se i traditori, o quei vili che servono al tempo. Noi non desideriamo di questi fra le nostre file.

Quella infallibile voce, la quale distinguerà col titolo di eroe ogni uomo che espone se stesso per la propria patria, imprimerà ugualmente su i di loro nomi un' indelebile infamia.

Abbandonate adunque per poche settimane i vostri consueti esercizj d' industria. Mettetevi sotto l'immediata direzione de' vostri proprj uffiziali, e sotto la guida di coloro, la perizia, e l'esperienza de' quali nella loro professione, vi condurranno col maggior vantaggio al grande, ed importante oggetto della finale conquista de' vostri nemici.

Una debole, ed avvilita guarnigione, disproporzionata alla difesa di sì estese opere, non può resistere ai vostri sforzi ; il successo compenserà le vostre fatiche, e tornerete subito in seno alle vostre famiglie, superbi, giustamente superbi, di aver salvata la vostra patria.

Dal Quartier Generale di Gudia, 19 Giugno 1800.

Thomas Graham,
Brigadier Generale, Comandante delle truppe alleate al blocco della Valletta.

Dato in St. Antonio, Nostra Residenza, li 23 Giugno 1800.

(Sottoscritto) A. J. Ball.

I rappresentanti del popolo diressero in seguito al governatore Ball la seguente lettera per comunicarla a sua eccellenza il brigadier generale Graham.

LETTERA

Dei Rappresentanti scritta al Governatore Ball.

Eccellenza,

Con nostra somma riconoscenza siamo in obbligo di presentare all' eccellenza vostra i nostri ringraziamenti per il piano de' battaglioni volontarj proposto da sua eccellenza il signor generale Graham, comunicatoci da vostra eccellenza. Le espressioni obbliganti del suo proclama, ed i sentimenti generosi manifestati nel medesimo a questa nostra nazione, oltrepassano ogni mezzo, per poter significarle la nostra gratitudine. Tutta questa popolazione elevandosi in massa sarà nel caso di dare delle prove del suo patriottismo, e di meritare quanto si è degnato il signor generale augurare in favor suo.

Supplichiamo vostra eccellenza come capo della nazione maltese, di essere presso il signor generale, l' interprete de' nostri sentimenti, come pure dell'energica determinazione del congresso, il quale a niente altro aspira, che di vedere eseguite, e sostenute, le leggi rigorose della guerra, per il che ne avanza di nuovo le sue istanze.

Osiamo pur nondimeno esporre a sua eccellenza il signor generale lo stato deplorabile de' cittadini nelle città bloccate, in favor de' quali la supplichiamo d'impedire, che si mandino delle bombe in Valletta, e nelle altre città, limitandole ai soli castelli. Essendo più che certi, che subbissandosi le case dei Maltesi, verun male si reca ai nostri nemici, i quali ritirati nelle mine, case matte, ed altri luoghi a prova di bomba, se ne ridono del male recato ai Maltesi. Vedendosi inoltre i nostri cittadini impediti di sortire, e minacciati di perire sotto le bombe, con vedersi rovinare le loro proprietà, senza recar danno al comun nemico, si danno alla disperazione.

Preghiamo l'eccellenza vostra di prendere in considerazione questa rappresentanza, e come padre della nazione umiliarla a sua eccellenza il signor generale. E raffermandoci con ogni rispetto ci diamo l'onore di protestarci.

Dell'Eccellenza Vostra,

Devmi, Obmi, ed Ubmi Servi,
(Sottoscritti) I Rappresentanti.

Dicemmo poco anzi, che i congressi furono ristretti al solo caso di bisogno, ora dobbiamo accertare i nostri lettori, che quelli cessarono interamente nel dì 18 Agosto 1800. In quell' ultima seduta fu detto all'assemblea, "che i suoi incontri non fossero più necessarj; che tutt' i dipartimenti del governo si rimetterebbero nelle loro antiche forme; e che le redini del potere civile potrebbero essere poste nelle mani del capitano Ball." (Mr William Eton nel suo opuscolo pubblicato in Londra nell' anno 1803 intitolato *Authentic materials for a History of the Principality of Malta* pag. 15.)

Dopo lunga dubbiezza, la questione si ammise, e fu proposto d'inviare una deputazione in Inghilterra, per offerire a Sua Maestà le nostre isole, e chiederle di governarle dalle leggi Inglesi. (Eton pag. 15.) *

---

* La deputazione si combinò nell' anno 1801, allorquando si sentirono i preliminari della pace. Nel giorno 9 Novembre fu convocato il congresso, e furono eletti deputati, il marchese Mario Testaferrata, il luogotenente delle due città F. Castagna, il rappresentante del Zeitun M. Cachia, il rappresentante dell'Axiach P. Mallia, l'abbate Emmanuele Ricau, ed il primo giurato del Gozo Antonio Mallia. Questi partirono per Londra il dì 29 detto No-

In quel congresso si ordinò, di dover pagarsi per l'avvenire il dritto di estrazione sul cotone per la Sicilia fissato dal congresso tenuto nel dì 18 Marzo 1779, e quello di ancoraggio doppiamente dai forastieri, onde poter più estesamente sollevare i poveri, che giornalmente andavano aumentandosi in campagna.

La depredazione dei menzionati trasporti, e del vascello *Guillaume Tell*, la scarsezza de' grani, e di qualunque sorta di vettovaglie, posero alla fine il generale in capo francese all'ultima disperazione, e lo indussero, suo mal grado, a devenire all' atto dispiacevole della capitolazione.

Egli giudicò proprio allora di fare spedire in Francia una galeotta, per avvertire quel governo di sua determinazione forzata, e di non più mandargli soccorso.

Nella mattina del dì 22 Agosto, i contadini fecero grande fuoco per la città Valletta. I Francesi sperarono, che i Maltesi avrebbero distrutto la loro città, prima che eglino si fossero arresi. Le bombe, e le palle, furono solamente lanciate, per vendicarsi del can-

---

vembre. Eglino umiliarono un memoriale a Sua Maestà Britannica, in cui esposero, che bramerebbero piuttosto di rinunciare i dritti di reclamare, e mantenere la loro propria intera indipendenza, e divenire suoi sudditi, e godere tutt' i vantaggi di liberi sudditi di un monarca che è padre di tutt' i suoi popoli, che soffrire di essere consegnati dagli ausiliarj alleati in guisa di nazione conquistata all'Ordine di S. Giovanni. Il principale segretario di stato Lord Hobart comunicò loro, per lettera del dì 20 Aprile 1802, che, dacchè l'abbandono di Malta divenne un sacrificio indispensabile dalla parte di Sua Maestà Britannica per lo stabilimento di una pace generale, uno de' principali oggetti de' suoi desiderj fu quello di vedere la felicità, e prosperità della nazione maltese aumentata, ed assicurata, in tale maniera, che la renderebbe capace sì di partecipare dell'autorità, colla quale i suoi interessi dovranno essere governati, che di prevalersi di tutt' i vantaggi relativi al commercio, che la geografica posizione dell'isola loro offerisce in una maniera così singolare: e che Sua Maestà prova la più sincera, e costante soddisfazione, considerando che questi grandi, ed importanti vantaggi siano stati alla perfine a loro accordati dall'atto delle potenze contraenti nel trattato d'Amiens.

noneggiamento considerevole, che i Francesi avevano fatto nell' antecedente notte contro i contadini, dalla città, e dalle batterie della Cottonera.

Il contrammiraglio Villeneuve, che attentamente vegliava agl'interessi della repubblica, propose al generale Vaubois di fare spedire per la Francia, prima della capitolazione, due fregate, *Diana* e la *Giustizia*, cariche di tutto quello, che di prezioso ancor potesse rimanere in loro potere dallo spoglio fatto dall' isola di Malta. Quelle partirono il 23 Agosto di notte senza che le guardie della campagna si fossero avvedute di loro partenza. Una scialuppa cannoniera napolitana però, che si trovava quasi sull' imboccatura del porto le vide, e fece il segno alle navi del blocco, le quali si posero tosto ad inseguirle, ma non essendosi sentita durante la notte alcuna cannonata, i Francesi si lusingarono che non fossero state raggiunte. L'indomani si vide la *Diana* passare dinnanzi il porto preceduta da un vascello inglese. La fregata *Giustizia*, singolare nel correre, scappò dal pericolo, e si credè, che fosse arrivata felicemente al suo destino.

Il generale Vaubois, non volle arbitrare da se solo per la capitolazione. Convocò pertanto consiglio di guerra, e tutti espose i motivi di sua risoluzione. Il consiglio, informato della posizione in cui si trovavano le cose, e della poca quantità di grano, che era rimasta dalle trenta sei mila, trecento, ottanta due salme che furono trovate nei magazzini, deliberò, di potersi adottare il parere del generale in capo, ed intraprendere la negoziazione della pace, nel giorno 3 Settembre.

La notizia non si sapeva da tutti in campagna, e le ostilità continuarono ancora. Nel dì 2 Settembre alcune scialuppe cannoniere si avvicinarono di notte alla portata del cannone di forte Tigné, e fecero violento fuoco insieme alle batterie di terra sopra quella fortezza, la quale rispose con ostinatezza, accompagnata dal forte Manoel, e dalle batterie della città. Il fuoco fu molto vivo, e durò per due ore. Quello fu interamente senza bisogno, diede occasione però ai bravi cannonieri francesi, ed ai contadini, di soddisfare per l'ultima volta la loro animosità.

L'indomani, 3 Settembre, il generale Vaubois scrisse di buon'ora al maggior generale Pigot, comandante le ausiliarie truppe britanniche in Malta, offerendogli la capitolazione. Il generale accolse volentieri la proposizione. La notizia si seppe da tutti prestamente, e tutti festosi gioirono gli abitanti della campagna per l'impensato fortunato avvenimento. La guarnigione francese, nel proporre la capitolazione, offerì di lasciare ostaggi per lo pagamento delle grosse somme, che i Francesi avevano preso dal tesoro pubblico, dall'Università, dal Monte di Pietà, dalle Chiese, e dai particolari, sotto titolo d'imprestito forzato. (Eton pag. 22.)

Il generale Pigot deputò nello stesso giorno il brigadier generale Graham, ed il commodor Martin comandante il blocco di mare, per trattare la pace, i quali arrivarono in Valletta circa le ore 12 di mattino. Principiarono allora le conferenze tra il generale Vaubois, ed il contrammiraglio Villeneuve, ed i due ufficiali Inglesi. Il generale Graham si restituì indi in campagna, per comunicare al generale Pigot quegli articoli, che non poterono accordare. Egli ritornò prontamente colla soluzione delle poche proposte difficoltà, e dopo di aver conchiuso definitivamente la pace, ripartì per la campagna unitamente al commodor Martin, che aveva solo pranzato dal generale Vaubois, portando seco loro gli atti della capitolazione.

Il giorno 4 di mattino, il generale Pigot rimandò in Valletta la capitolazione sottoscritta. Egli condusse quella a fine da se solo, senza consultare alcuno della campagna (Eton pag. 12, 13.) e senza nominare i Maltesi, o stipulare un articolo a loro favore (Eton pag. 23.)

ARTICOLI DELLA CAPITOLAZIONE.

Tra il generale di divisione Vaubois comandante in capo le isole di Malta e Gozo, ed il contrammiraglio Villeneuve comandante la marina a Malta, da una parte, ed il signor maggior generale Pigot comandaute le truppe di Sua Maestà Brittannica, e de' suoi alleati, ed il capitano Martin comandante i vascelli di Sua Maestà Britannica, e de' suoi alleati, avanti Malta, dall'altra parte.

ARTICOLO I.

La guarnigione di Malta, e delle fortezze dipendenti, sortirà per essere imbarcata, e condotta a Marsiglia al giorno ed ora convenuti, con tutti gli onori di guerra, cioè tamburi battenti, bandiere spiegate, miccia accesa, avendo in testa due pezzi di cannoni di quattro con i loro cassoni, gli artiglieri per il loro servizio, ed un cassone d'infanteria. Gli ufficiali civili, e militari della marina, e tutto quello che appartiene a quel dipartimento, saranno ugualmente condotti al porto di Tolone.

ARTICOLO I.

La guarnigione riceverà gli onori di guerra dimandati, ma attesa l' impossibilità di essere imbarcata in intero immediatamente, si supplirà mediante l'arrangiamento seguente.

Subitocchè la capitolazione sarà segnata, i forti Ricasoli e Tignè saranno dati alle truppe di Sua Maestà Britannica, ed i vascelli potranno entrare nel porto. La porta nazionale sarà occupata da una guardia composta di Francesi ed Inglesi, in numero uguale, finchè i vascelli saranno pronti a ricevere il primo imbarco; allora tutta la guarnigione sfilerà con gli onori di guerra sin alla marina, dove ella deporrà le armi. Quelli che non si potranno far partire nel primo imbarco occuperanno l' Isola ed il forte Manoel, avendo una guardia armata per impedire a chiunque sia di penetrare in campagna. La guarnigione sarà considerata come prigioniera di guerra, e non potrà servire contro Sua Maestà Britannica sino al cambio.

Perilchè i suoi ufficiali rispettivi daranno la loro parola d'onore. Tutta l'artiglieria, le munizioni, e magazzini pubblici di tutta sorta, saranno consegnati alli proposti ufficiali a tal effetto, come anche gl' inventarj, e le pubbliche carte.

ARTICOLO II.

Accordato, ad eccezione delle armi deposte dai soldati, conformemente a quel che è preveduto nel primo articolo. I bassi-ufficiali conserveranno le loro sciabole.

ARTICOLO II.

Il generale di brigata Chanez comandante la piazza, e fortezze, il generale di brigata D'Hennezel comandante l'artiglieria, ed il genio, gli ufficiali, sotto-ufficiali, e soldati di terra, gli ufficiali, truppe, ed equipaggi, ed impiegati qualunque della marina, il cittadino Pietro Alfonso Guys commissario generale delle relazioni commerciali della republica francese in Siria, e Palestina, accidentalmente a Malta con sua famiglia, gl' impiegati civili, e militari, gli ordinatori, e commissarj delle guerre, e di marina, le amministrazioni civili, i membri qualunque delle autorità costituite, porteranno seco le loro armi, loro effetti personali, e loro proprietà di qualunque natura elle siano.

ARTICOLO III.

Accordato.

ARTICOLO III.

Sono riguardati come facienti parte della guarnigione tutti quei di qualunque nazione siano, che hanno portato le armi al servizio della republica durante l'assedio.

ARTICOLO IV.

Accordato conformemente agli usi della marina inglese, che non danno, se non la medesima razione a tutti gl'individui di qualunque grado, e condizione, che siano.

ARTICOLO IV.

La divisione sarà imbarcata a spese di Sua Maestà Britannica. Ciascun militare, e gl' impiegati riceveranno durante la traversata le razioni tali quali sono attribuite a ciascun grado secondo le leggi, ed i regolamenti francesi. Gli ufficiali, membri di amministrazioni civili, che passano in Francia, godranno del medesimo trattamento eglino, e le loro famiglie a somiglianza dei gradi militari corrispondenti all'elevatezza delle loro funzioni.

ARTICOLO V.

Accordato.

ARTICOLO V.

Sarà fornito il numero necessario di carri, e scialuppe per trasportare, e mettere a bordo gli effetti personali dei generali, dei loro ajutanti di campo, degli ordinatori, e commissarj, dei capi dei corpi, degli ufficiali, del cittadino Guys, degli amministratori civili, e militari di terra, e di mare, come anche le carte dei consigli d' amministrazione dei corpi, quelle dei commissarj di guerra, di terra, e di mare, del pagatore della divisione, e degli altri impiegati delle amministrazioni civili, e militari. Questi effetti, e carte, non potranno essere soggette ad alcuna ricerca, nè ispezione sulla garanzia che danno i generali stipulanti, che elleno non contengono alcuna proprietà pubblica, nè particolare.

ARTICOLO VI.

Rifiutato.

ARTICOLO VI.

I bastimenti qualunque appartenenti alla republica, suscettibili di tenersi in mare, partiranno nel medesimo tempo che la divisione, per rendersi in un porto della Francia, dopo di averli forniti dei necessarj viveri.

ARTICOLO VII.

Accordato.

ARTICOLO VII.

Gli ammalati trasportabili saranno imbarcati con la divisione, e provveduti di viveri, medicamenti, casse di chirurgia, effetti, ed ufficiali di salute necessarj al loro trattamento durante la traversata. Quei che non saranno trasportabili saranno trattati come conviene: siccome il generale in capo lascia in Malta un medico, ed un chirurgo al servizio della Francia, i quali ne prenderanno cura: saranno loro forniti degli alloggj *gratis*, se sortono dallo spedale, ed eglino saranno mandati in Francia subito che il loro stato lo permetterà, con tutto quello che loro appartiene, e dell' istessa maniera che la guarnigione. I generali in capo di terra, e di mare, evacuando da Malta, si confidano alla lealtà, ed umanità del signor generale inglese.

ARTICOLO VIII.

Tutti gl' individui di qualunque nazione che siano, abitanti l'isola di Malta, od altri, non potranno essere nè disturbati, nè inquietati, nè molestati per le loro opinioni politiche, nè per tutti i fatti che hanno avuto luogo durante il tempo, che Malta è stata in potere del governo francese. Questa disposizione si applica principalmente per intero a quei che hanno preso le armi, od a quei che hanno occupati impieghi amministrativi civili, o militari, e non potranno essere ricercati in niente, nemmeno perseguitati per i fatti di loro amministrazione.

ARTICOLO VIII.

Questo articolo non pare dover fare l'oggetto di una capitolazione militare, ma tutti gli abitanti che desidereranno restare, od ai quali sarà permesso di fermarsi, possono essere sicuri di essere trattati con giustizia, ed umanità, e goderanno della piena protezione delle leggi.

ARTICOLO IX.

I Francesi, che abitavano Malta, e tutt' i Maltesi di qualunque stato eglino siano, che vorranno seguire l'armata francese, e rendersi in Francia con le loro proprietà avranno la libertà di ciò fare: quei che hanno de' mobili, ed immobili di cui la vendita non può essere effettuata al momento, e che saranno nell'intenzione di venire ad abitare in Francia, avranno sei mesi a datare dal

ARTICOLO IX.

Accordato, riferendosi alla risposta dell'articolo precedente.

giorno della segnatura della presente capitolazione, per vendere i loro beni stabili, e mobiglie. Queste proprietà saranno rispettate. Eglino potranno agire da per se stessi, se restano, o per procuratori legali, se eglino sieguono la divisione. Allorchè essi avranno finito i loro affari nel tempo convenuto, saranno forniti di passaporti per venire in Francia, trasportando, e facendo passare su i bastimenti i mobili che potranno loro restare, così anche i loro capitali in denaro, o lettere di cambio, secondo la loro commodità.

ARTICOLO X.

Accordato.

ARTICOLO X.

Subitocchè sarà segnata la capitolazione, il signor generale inglese lascerà interamente alla disposizione del generale comandante le truppe francesi, di far partire una feluca con l'equipaggio necessario, ed un ufficiale incaricato di portare la capitolazione al governo francese. Gli sarà dato il salvo condotto necessario.

ARTICOLO XI.

Accordato, conformemente a quello che è preveduto nella risposta del primo articolo, e si prenderanno tutte le precauzioni per impedire i Maltesi armati dall' avvicinarsi ai posti occupati dalle truppe francesi.

ARTICOLO XI.

Segnati gli articoli della capitolazione sarà consegnata al signor generale inglese, la porta detta delle Bombe, la quale sarà occupata da una guardia di ugual forza d'Inglesi e Francesi. Sarà ordinato a questa guardia di non lasciare penetrare nella città nè soldati delle truppe assedianti, nè abitanti dell' isola qualunque siano, finchè le truppe francesi saranno imbarcate, e fuori della vista del porto; a misura che l'imbarco si eseguirà, le truppe inglesi occuperanno i posti, per li quali si potrebbe entrare nelle fortificazioni. Il signor generale inglese comprenderà che queste precauzioni sieno indispensabili perchè non nasca verun oggetto di disputa, e perchè gli articoli della capitolazione sieno religiosamente osservati.

ARTICOLO XII.

Tutte le alienazioni, o vendite di mobili, ed immobili qualunque, fatte dal governo francese durante il tempo che egli restò in possesso di Malta, e tutte le transazioni fra particolari, saranno mantenute inviolabili.

ARTICOLO XII.

Accordato, quante volte saranno giuste e legittime.

ARTICOLO XIII.

Gli agenti delle potenze alleate che si troveranno nella Valletta alla resa della piazza, non saranno inquietati in niente, e la loro persona, e proprietà saranno garantite per la presente capitolazione.

ARTICOLO XIII,

Accordato.

ARTICOLO XIV.

Qualunque bastimento di guerra, o di commercio venendo dalla Francia con bandiera della repubblica, e che si presenterebbe per entrare nel porto, non sarà riputato buona preda, nè il suo equipaggio fatto prigioniere, durante li primi venti giorni, che seguiranno quello dalla data della presente capitolazione, e sarà rimandato in Francia con un salvo condotto.

ARTICOLO XIV.

Rifiutato.

ARTICOLO XV.

Il generale in capo, e gli altri generali saranno imbarcati coi

ARTICOLO XV.

Accordato.

loro ajutanti di campo, gli ufficiali attaccati a loro, come anche gli ordinatori, e loro seguito senza rispettiva separazione.

ARTICOLO XVI.

L' equipaggio del *Guillaume Tell* è già cambiato, e quello della *Diana* deve essere trasportato a Minorca, per essere cambiato immediatamente.

ARTICOLO XVI.

I fatti prigionieri durante l'assedio compreso l'equipaggio del vascello *Guillaume Tell*, e della fregata la *Diana*, saranno restituiti, e trattati come la guarnigione. Lo stesso sarebbe dell' equipaggio della *Giustizia*, se fosse stata presa in rendersi in uno dei porti della Francia.

ARTICOLO XVII.

Accordato.

ARTICOLO XVII.

Tutto quello che è in servizio della republica non sarà soggetto ad alcun atto di rappresaglia di qualunque natura che possa essere, e sotto qualunque pretesto sia.

ARTICOLO XVIII.

Accordato secondo la giustizia.

ARTICOLO XVIII.

Se nascerà qualche difficoltà su i termini, e le condizioni, della capitolazione, sarà interpretata nel senso il più favorevole alla guarnigione.

Fatta, e firmata in Malta, li 18 Fructidor anno 8 della Republica Francese.

(Segnati) Il Generale di Divisione Vaubois,

Il Contrammiraglio Villeneuve,

Pigot Maggior Generale,

Il Capitano Martin Comandante i vascelli di S. M. Britannica, e de' suoi Alleati avanti Malta.

Il generale Vaubois, ed il contrammiraglio Villeneuve si portarono nello stesso giorno 4 Settembre, in casal Balzan, a pranzo dal generale Pigot.

Quando si seppero le condizioni della capitolazione fu necessaria tutta l'influenza del governatore Ball sul popolo per acquietarlo. (Eton pag. 14.)

Tutt' i capi della campagna si turbarono ancora. In loro rimase solamente la speranza di migliorare la loro sorte, mediante il favore, e le promesse.

Alle ore 4 pomeridiane di quel giorno, le truppe inglesi e napolitane, presero possesso della Floriana, di Forte Tigné, e del Ricasoli; e nello stesso tempo, due vascelli, un trasporto, e quattro scialuppe cannoniere entrarono nel porto.

Le truppe maltesi furono portate, insieme colle altre, innanzi la città, ed ivi pregate di abbassare le armi, per evitare disordini, e poter ritornare in seno delle loro famiglie, ed attendere alle loro occupazioni. Eglino si lasciarono persuadere con molta difficoltà, e frattanto il generale Pigot prese possesso delle fortificazioni. (Eton pag. 14.) I Maltesi, cioè le truppe, fidandosi nella buona fede della nazione britannica, consegnarono il governo della loro patria nelle mani de' suoi generali, senza sospetto, e senza patti, ubbidendoli con fedeltà, e sommissione, come ministri del sovrano eletto da' loro cuori. (Eton pag. 24.) *

---

* Le Isole di Malta e Gozo infatti rimasero sotto la protezione di Sua Maestà Britannica. I due proclami del maggior generale Pigot, e del cavalier Carlo Cameron pubblicati l'uno in Febbrajo 1801, e l'altro in Luglio detto anno, lo attestano. Il primo informò i Maltesi, che Sua Maestà prendendo la nazione maltese sotto la sua protezione, l'ha autorizzato di assicurarla, che sarà usato ogni mezzo possibile a stabilire la sua contentezza, e felicità, e che ella è in pieno possesso della sua Religione, e delle sue proprietà, e della sua libertà. Il secondo assicurò i Maltesi, che Sua Maestà accorda loro piena protezione, ed il godimento di tutt' i loro più cari diritti, e che Sua Maestà protegge ancora le loro Chiese, la loro Santa Religione, le loro persone, e la loro proprietà.

Fra i Maltesi ed i capi inglesi si convenne in seguito, che i loro privilegj dovrebbero conservarsi, e le loro leggi mantenersi in forza. (Sir A. J. Ball, nella sua lettera scritta all' Onorabile William Windham, uno de' principali Segretarj di Stato di Sua Maestà, in data del dì 28 Febbrajo 1807. così si esprime. *You are aware, Sir, that when the British first took possession of the Island, it was stipulated that the privileges of the Maltese should be preserved, and their ancient laws continued in force: they were then governed by their ancient laws.*)

Nel giorno 6 e 7 Settembre si fecero preparare con molta attività alcuni legni per trasportare la guarnigione in Francia. Il generale Vaubois, e tutto lo stato maggiore s' imbarcarono nel dì 8 alle ore 4 pomeridiane, e partirono con tutti gli onori militari unitamente ad una porzione delle truppe. Il resto dei soldati francesi, che furono tenuti ristretti in forte Manoel, lasciarono Malta successivamente su di altr trasporti, subitocchè furono pronti.

Nel tempo medesimo, in cui il generale Vaubois partì da Malta, il governatore Ball, incaricato di Sua Maestà il Re delle Due Sicilie, fece il suo primo ingresso nella Valletta in carrozza, accompagnato dal capitano di verga, e suo luogotenente per il governo, barone Francesco Gauci, dai magistrati, rappresentanti de' casali, capi battaglioni, e da tutte le autorità costituite. Arrivati in città, tutti entrarono nella Chiesa di S. Giovanni per poco tempo, e tutti indi si portarono a piedi in palazzo, fra il suono delle campane di quella chiesa, in segno di giubilo. Fu egli immediatamente visitato dal vescovo, dagli ecclesiastici, e dai pochi rispettabili cittadini, che erano rimasti chiusi nella Valletta.

L' indimani di quel pomposo ingresso, si permise l' entrata in città a tutta la popolazione. I cittadini usciti in campagna durante il blocco trovarono le loro case interamente saccheggiate dai Francesi, e loro partigiani.

Nel giorno 11 Settembre, il governatore mise in libertà, con un proclama, i battaglioni dei contadini, e propose la formazione di un corpo di truppe nazionali.

Il Capo di Malta e Gozo.

Considerando che il fedele, e diletto popolo maltese fosse di molto defaticato dalle lunghe pene, e travagli sofferti, essendo seguito il desiderato fine della liberazione della patria dall'inimico, ed in conseguenza cessato il bisogno dei battaglioni, che nei casali vi erano, abbiamo messi tutti in libertà, e dismessi i battaglioni suddetti. Ciò non ostante però, siccome vogliamo formare un corpo di truppe paesane, facciamo a tutti sapere, che chiunque vorrà arruolarsi in tale compagnia, non ha da far altro, che dare il suo nome, e cognome, ed età, al rappresentante del casale nel quale abita.

Dato dal Palazzo gli 11 Settembre 1800.

(Sottoscritto) ALESSANDRO GIO. BALL.

Copia estratta dal suo originale da me Dr Cutajar Segretario di Sua Eccellenza.

Il governatore frattanto pareva tutto intento al bene del paese. In lui risplendeva un' affezione singolare pei Maltesi.

Egli col suo contegno affabile, e colle sue lusinghiere promesse, fece sperare nuova, e perpetua felicità ai Maltesi tutti, e tutti crederono con certezza essere scomparse le traccie dell' orribile tempesta per Malta.

Entrato appena in città il capo dei Maltesi fece chiamare i religiosi, e loro restituì i conventi, e beni de' quali erano spogliati, ristabilì il corpo de' giurati, i tribunali, e di questi nominò presidente il barone Francesco Gauci. Egli ancora tutti confermò gli antichi stabilimenti di governo, ed in tutte le cariche situò i Maltesi.

Fin quì, e non più. Le mie promesse sono adempiute. Tutti ho raccontato di quell' epoca luttuosa fedelmente i fatti rimarchevoli, e senza alterazione, ed è questo dell' opera l' unico pregio.

Qualunque sia stato il fine della guerra, in cui i rappresentanti, ed i capi della campagna, avevano quasi interamente perduto la loro importanza, e la loro influenza nel governo, non possiamo con certezza imputare a quelli tutta la colpa. L'urgenza piuttosto della circostanza, lo spettacolo di desolazione in cui giaceva la campagna, i diversi progetti in tempo critico, ed incerto, uniti ad un eccesso di fedeltà, e riverenza, furono la cagione degli avvenuti allora cangiamenti impensati.

Si dice, ed è molto probabile, che i Francesi non si fossero diportati sul principio della rivoluzione con tutto il rigore militare contro i Maltesi, perchè temerono la flotta inglese, che era di ritorno da Levante, e nel decorso dell' assedio, perchè furono trattenuti dal reale ajuto, che eglino ebbero da quella generosa nazione, e per mare, e per terra.

Egli è vero, che fu pei Maltesi somma fortuna, l' aver avuto così validi soccorsi, e che da questi, e da quelli delle altre potenze alleate, trassero efficace risorsa, e più sicuri, e certi agirono contro l'inimico; ma è pur troppo vero ancora, che i Maltesi furono quelli, che soli impugnarono le armi contro i Francesi, che il coraggio ebbero di confinarli dentro le mura della Valletta senza mezzi, e senza risorse, e che eglino furono per conseguenza i soli, che conquistarono tutta la campagna, e le torri del littorale dal poter del nemico, prima che avessero avuto qualunque sorta di assistenza: che eglino durante l'assedio perderono venti mila anime, e le truppe ausiliarie non ebbero un soldato ucciso dal nemico: (Eton pag. 22.) e che eglino furono, che soffrirono tutte le spese della guerra per terra, e che mantennero i battaglioni nazionali, per cui ipotecarono tutt' i beni proprj, e pubblici, per cautelare i debiti, che contrassero in quella circostanza funesta. (Eton pag. 24.)

Gli amici del vero in conseguenza devono senza meno convenire, che il piccolo popolo maltese, per le sue gesta ammirabili, vivrà nella memoria de' secoli per sempre, e che desso solo riacquistò le sue Isole dal poter della Republica Francese. (*Memoir concerning the political state of Malta of John J. Dillon, printed in London* 1807, pag. 9. 10.)

Errano non poco pertanto quei, che senza la minima nozione certa della guerra, e de' suoi progressi, vogliono sostenere, essere stata Malta conquistata.

I fatti smentiscono i loro rapporti. Malta è libera, e come tale non ha perduto i suoi più sacri privilegi.

FINE.

Milton Keynes UK
Ingram Content Group UK Ltd.
UKHW020851091223
433987UK00001B/1

9 781912 142231